文明互鉴文库
初识中华文化基因丛书

陆海书系
LANDSEA

中希文明互鉴中心
西南大学汉语言文献研究所　组编

钟鸣鼎列

李发　著

青铜时代的
文明记忆

西南大学出版社
SWUP　国家一级出版社 全国百佳图书出版单位

图书在版编目（CIP）数据

钟鸣鼎列 : 青铜时代的文明记忆 / 李发著 . -- 重庆 : 西南大学出版社 , 2025.1

ISBN 978-7-5697-2241-3

Ⅰ . ①钟… Ⅱ . ①李… Ⅲ . ①青铜时代文化—研究—中国 Ⅳ . ① K871.34

中国国家版本馆 CIP 数据核字 (2024) 第 030147 号

钟鸣鼎列：青铜时代的文明记忆

ZHONG MING DING LIE: QINGTONG SHIDAI DE WENMING JIYI

李发　著

责任编辑： 李晓瑞
责任校对： 畅　洁
装帧设计： 殳十堂_未　氓
排　　版： 贝　岚
出版发行： 西南大学出版社（原西南师范大学出版社）
地址：重庆市北碚区天生路2号
邮编：400715
经　　销： 全国新华书店
印　　刷： 重庆市圣立印刷有限公司
成品尺寸： 145 mm × 210 mm
印　　张： 9.125
字　　数： 215千字
版　　次： 2025年1月　第1版
印　　次： 2025年1月　第1次印刷
书　　号： ISBN 978-7-5697-2241-3

定　　价： 45.00元

丛书序

崔延强

　　在人类文明的浩瀚星空中,有两颗璀璨的明星,一颗在东方,一颗在西方,相映成趣,熠熠生辉。在东方的叫作中华文明,在西方的叫作希腊文明。中希两大文明以同样深厚的文化底蕴和特色鲜明的文化基因,为人类文明的发展做出了不朽的贡献。

　　不同文明的交流互鉴是推动人类文明进步和世界和平发展的重要动力。中希两大文明的交流互鉴,乃至于后续即将开展的中西文明互鉴,对于保持人类文明的多样性和构建人类命运共同体具有重要意义。为了让更多的人了解五千年的中华文明史并感受中华文化的独特魅力,深入推进中希文明交流互鉴,我们特别推出"初识中华文化基因"丛书,作为"文明互鉴文库"的一个系列。该丛书还得到中共重庆市委宣传部的大力支持,并收录于"陆海书系",在此表示诚挚的感谢!

　　丛书首批共有七册,内容围绕文字本体、文字的物质载体、书法艺术、文字的文化内涵展开,涵盖了甲骨占卜材料、青铜器及其铭文、简帛文献、出土秦汉法律文书、简帛数术文化、石刻书法艺术和纳西哥巴文等多个方面。这些内容不仅是对中国传统文化的深入挖掘,更是对中华文化基因的细致解读。

在甲骨占卜材料中,我们将带您领略古人如何借助神秘的龟甲兽骨来探寻天地之间的奥秘;在青铜器及其铭文中,我们将揭示那些精美的青铜器背后所蕴含的历史沧桑;在简帛文献中,我们将带您穿越时空,感受古人的智慧与才情;在出土秦汉法律文书中,我们将解读那些千年前的法律文书所揭示的社会风貌;在简帛数术文化中,我们将揭示古人如何运用数术来认识世界、预测未来;在石刻书法艺术中,我们将带您欣赏那些刻在石头上的书法艺术,感受中华文字的魅力与力量。此外,我们还将对纳西哥巴文进行概述和研究,探讨这一古老的纳西族文字与汉族文化的交流与融合。

这套丛书的内容深入浅出,语言通俗明快,适合国内各个年龄层次的读者,也适合国外研究汉学的专家和学习汉语的外国留学生。无论您是文化爱好者、历史研究者,还是对中华文化感兴趣的普通读者,都能够在这套丛书中找到属于自己的乐趣并有所收获。

我们期待这套丛书能够成为中希文明互鉴的一座桥梁,促进不同文化之间的交流与融合,推动人类文明的共同进步和世界的和平发展。

让我们从这套丛书开始共同踏上探寻中华文化基因的旅程吧!

目录

第一编

禹铸九鼎

青铜器起源之谜

>图 1-1　青铜群鼎图

　　中国语言有数千年文化积淀，这些丰厚积淀浓缩成成语、典故，代代流传。比如"一言九鼎""三足鼎立""击钟陈鼎""钟鸣鼎食""镂于金石"等，这些就是中国青铜时代的文明记忆。

　　"青铜时代"是一个学术词汇，丹麦学者汤姆森最早定义其为"以红铜或青铜制成武器和切割器"的时代。当然，这一定义是比较含混的，从考古发掘来看，如果某一遗址只出土极少量的青铜器就很难判定其是否已进入青铜时代。其实，中国古人也意识到石兵、玉兵、铜兵、铁兵时代先后的不同，其中就暗含了一段有关青铜时代历史的朴素认识。《越绝书》上记载了楚王与风胡子之间关于宝剑的一段对话。风胡子提到"轩辕、神农、赫胥之时，以石为兵""至黄帝之时，以玉为兵""禹穴之时，以铜为兵""当此之时，作铁兵"，实则反映了古人对器物从石器到铜器，再到铁器的发展阶段的看法。

根据中国历史的实际情况，《中国大百科全书·考古学卷》将"青铜时代"定义为"以青铜作为制造工具、用具和武器的重要原料的人类物质文化发展阶段"。马承源主编之《中国青铜器》中则认为青铜时代"以大量使用青铜生产工具、兵器和大量使用青铜礼器为特征"。

按照这个说法，中国青铜时代大约于公元前2000年形成，经夏、商、周三代，至春秋战国时期开始有了铁器，前后历时一千余年。

夏代进入铜器时代，可从考古学上得到证明。河南偃师二里头已出土有众多青铜器，如工具有刀、凿、锥、鱼钩等，容器有鼎、爵、斝、盉、瓠等，兵器有戈、戚、镞等，乐器有铃等，饰品有圆形铜牌和兽面纹牌等。

《韩非子·十过》上有说禹制作祭器的事，表明那个时代已用青铜器。古书上也有"禹铸九鼎"的记载，禹是夏的开创者，其所处时代相当于考古学上的龙山文化晚期。据现有考古发掘，龙山文化晚期的遗址出土过铸铜遗迹，有铜炼渣、坩埚残片、孔雀石等，表明当时已有铸铜工艺。但因为发现的铜器极少，而且二里头所见的鼎（图1-2），无论从形制还是纹饰看，工艺都还很粗疏。禹"铸鼎象物"，也就是将各种事物都铸在鼎上，为的是让人们知道什么是神灵，什么是鬼怪，可见工艺已相当发达，但这很难从考古学上得到佐证，不免让人觉得遗憾。但"禹铸九鼎"之说，笔者宁可信其为真。一是因为"九鼎"所铸代表的是当时"国家"(学术意义上的"国

> 图1-2 二里头出土的青铜鼎

家"概念还没形成，姑且借用一下）的最高艺术水准，而现在考古所见未必代表了当时的最高艺术水准；二是因为"九鼎"是国之重宝，如同后世的传国玉玺，其纹饰必不像用作炊具的鼎，岂可用考古所见一般所用之鼎与国之重宝相比。

关于"九鼎"，《左传》里有提到楚庄王向周王室问"鼎之轻重"，暗含觊觎周室之意。周大夫王孙满对此发过一通感慨，并对楚庄王的不怀好意进行了批评，说："周德虽衰，天命未改。鼎之轻重，未可问也！"

　　由此可见，"九鼎"经夏至商，到春秋周定王时似乎依然"健在"。据日本治《左氏春秋》的史学家竹添光鸿《左氏会笺》上说：九鼎之定为成王之二十年甲寅，九鼎之沦于泗，为显王之四十二年甲午。自定至沦，凡七百有一年，正合七百年之数。而沦泗之前七十六年为威烈王之二十三年，九鼎震，自成王至威烈王，正合三十世之数。到战国末期，"九鼎"似乎仍在。秦昭王时，"周民东亡，九鼎入秦"（《史记·秦本纪》），鼎落入秦王之手。但《史记·封禅书》中却说："秦灭周，周之九鼎入于秦。或曰宋太丘社亡，而鼎没于泗水彭城下。"竹添光鸿正是取了后一种说法。秦始皇二十八年，为了找鼎，当他巡行路过彭城时，"斋戒祷祠，欲出周鼎泗水，使千人没水求之，弗得"（《史记·秦始皇本纪》）。可见秦人已无缘见到"九鼎"，其去向早已成为一个未解之谜。

　　回过头去看青铜器的起源，那更是一个难解之谜。首先，考古所见夏代青铜器颇少，比其更早的龙山文化晚期更是罕见。其次，禹铸九鼎也是一个传说，尽管信者有之，疑者否之，但争论一定不是结论。所以，我们只能说，青铜时代是从夏代开始，在此之前的龙山文化晚期，中华大地已存有青铜器工艺。在更早的历史时期，有一个漫长的经验积累、技术探索和逐步发展的过程。西安半坡仰韶文化遗址和临潼姜寨仰韶文化遗址已发现质地不纯的黄铜片。山东胶县（今山东省胶州市）三里河龙山文化遗址，出土了两件铜锌合金锥。甘肃东乡林家马家窑文化遗址和永登蒋家坪马家窑文化遗址

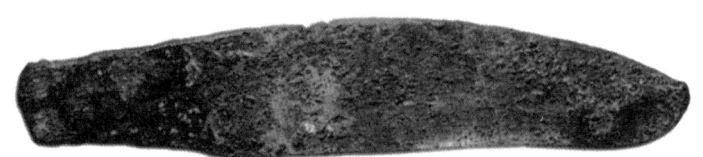

> 图1-3　马家窑文化时期青铜刀

都发现了青铜小刀（图1-3）。因此，到目前为止，大家比较一致的认识是，中国青铜器最早见于马家窑文化时期，其时代距今大约5000年。

　　关于中国青铜技术的产生，中国和西方学术界存在一定的分歧。中国学者大多认为，中国和世界上其他文明一样，各自在不同时期产生了这项冶炼技术。部分西方学者认为，中国的青铜技术来自西亚，另一些西方学者则认为，中国青铜技术起源于西伯利亚。甚至有学者认为，因在泰国发现了早期的青铜文明，中国青铜技术可能来自东南亚、南亚。事实上，中国早期的青铜器主要发现于黄河流域，时代正是二里头文化走向三代文明，青铜器制作以块范法铸造为主，而非南亚、西亚的失蜡法，因此，我们更倾向于认为，中国的青铜技术是中国原始先民自己在生产生活中总结出的技术。正如研究中国科技史的著名学者李约瑟在《中国科学技术史》

中所说：尽管我们往往倾向于认为每一事物只有一个来源，可是我们不能排除在不同地方出现独立且相似的思路的可能性，特别是在关于科学理论、发现和观察等方面的历史的问题上。但不可否认，中国的金属冶炼技术可能来自与中亚文明的互动交流之中。

琳琅满目

青铜器品类之盛

青铜器品类繁多，对其分类也多有不同。可按器形分类，也可按用途分类，标准不同，类别亦异。在此，我们按其功用选一些有代表性的器类作一简要介绍，旨在让读者诸君一窥中国青铜器的品类之盛。

　　第一类是食器。民以食为天，食以具为先。食器包括用于烹煮的鼎、鬲、甗，用于盛食的簋和豆，以及用于取食的匕。第二类是酒器。"兰陵美酒郁金香，玉碗盛来琥珀光"，金樽甘露、馨飘万国的醇酒配上上乘的青铜酒器，不用品，想想都醉了。酒器包括用于饮酒的爵、角、觚，用于温酒的斝，用于盛酒的觥、尊、壶、卣、方彝、罍，用于挹取酒的斗、勺，以及用于调酒的盉等。第三类是水器，诸如盛水的盘、鉴，注水的匜，等等。第四类是兵器。长戟高门、弩张剑拔的冷兵器如同今天的飞机、坦克、导弹、核武器，是国防的重要力量。青铜时代主要有长兵器戈、戟、矛、钺，短兵器刀、剑，射兵器弩机、矢镞等。第五类是乐器。击钟陈鼎、八音迭奏的升平之势莫不令人神往，这里给大家介绍五种典型的青铜乐器：铙、钟、镈、铎、錞于。第六类是杂器，主要是不便归类的日常生活用具，如镜、带钩、燎炉、熏炉、箕、灯、货币、度量衡器、符节和玺印等。以下分别举例说明。

▶青铜器品类之一：食器

民以食为天，故先说青铜食器。

青铜食器指用来煮蒸、盛装食物的青铜器。这类青铜器既可用作生活实用器，也可用作礼器进行祭祀。食器包括鼎、鬲、甗、簋、豆、匕等。

鼎是最著名的烹煮食器。从夏代晚期就开始出现，到商晚期达到全盛，经西周至东周铁器的出现，青铜鼎作为烹煮食器走向衰落，但这种食器作为一种礼器，沿用至魏晋。有趣的是，鼎虽逐渐被釜、锅所取代，后世不再继续使用，但鼎的形制却换了模样，今天仍以鼎罐（图 2-1）的形式继续活跃在巴山蜀水的乡村之中。

作为食器，鼎可以据其功能分成三类：镬鼎、升鼎、羞鼎。镬鼎体形大，故也称大鼎，用于烹煮牲肉，铭文中常自名为盂鼎、䵼鼒、钘鼎、飤𪔲、黄镬。升鼎，又名正鼎，指从镬鼎取出食物用于享用之鼎，相比镬鼎称大鼎而言可称小鼎，在

> 图2-1　鼎罐图

铭文中常自名鯯。羞鼎配合正鼎使用，故亦名陪鼎，其作用是盛放有调味的食物。铭文中亦自名为羞鼎。

以下按时代先后列举些著名的鼎。

1. 盘龙城所出青铜鼎（图2-2），商早期。该鼎1963年出土于湖北黄陂盘龙城遗址。

> 图2-2　盘龙城所出青铜鼎

弇口，立耳，圆腹，圆底，尖锥状空足，颈饰凸弦纹三周。该器造型简洁，纹饰朴素，代表了早期青铜鼎的形体特征。

　　2. 天鼎（图2-3），又名苩鼎，商代中期。1965年出土于陕西绥德县义合乡墕头村窖藏，今藏于陕西历史博物馆。通高24厘米、口径14.5厘米、腹深14.7厘米，重2.8公斤。该器口稍敛，立耳，深腹圆底，三细小柱足。口下饰云雷纹勾勒成的兽面纹。器内壁铸一铭文，可能为该器主之族徽，有学者径释为"天"字。

> 图 2-3　天鼎

　　3. 龟形铭鼎（图2-4），商中期（一说商代早期）。1977年出土于北京平谷区刘家河，今藏北京市文物研究所。通高18厘米、口径14厘米。敛口，窄沿外折，立耳，深腹圆底，器体呈球形，锥足外撇。器身饰兽面纹。器内底铸一龟形铭，可能为器主之族徽，有学者径释为"龟"或"鳖"字。有学者将其定为商代早期，从器形与纹饰来看，定为商代中期更为合理一些。

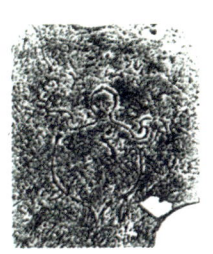

> 图 2-4　龟形铭鼎

4. 五鼎（图 2-5），商代晚期。今藏台湾历史博物馆。高 23.2 厘米、口径 19.7 厘米。该器窄沿方唇，深腹圆底，立耳，粗壮柱足，器腹有扉棱。腹饰卷角兽面纹，云雷纹衬底，柱足饰阴线蝉纹。无论器形还是纹饰，都体现出商代晚期的典型特征，风格厚重庄严，纹饰繁复饱满。器内壁铸有图案，可能为器主徽号，有学者径释为"五"字。

> 图 2-5　五鼎

5.鹿鼎（图2-6），又称鹿方鼎，商代晚期。1935年出土于河南安阳侯家庄西北岗1004号墓，现藏台北"中研院"史语所。通高60.9厘米、长51.4厘米、宽37.4厘米，重60.4公斤，容积约35030毫升。该鼎呈长方体，深腹平底，平沿方唇，立耳，四粗壮柱足。器身四壁中部和四隅均有扉棱，器口沿下饰卷尾夔纹，四壁中部饰鹿首纹，空白处衬以立鸟纹和夔纹，柱足上饰浮雕鹿首纹和蕉叶纹。内壁铸有鹿形图案，一般径释为"鹿"字。该器主体纹饰与铭文均为鹿，在青铜器中极为罕见。

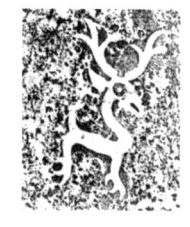

>图2-6　鹿鼎

6.牛鼎（图2-7），又称牛方鼎，商代晚期。1935年出
土于河南安阳侯家庄西北岗1004号墓，现藏台北"中研院"
史语所。通高73.3厘米、长64.1厘米、宽45.4厘米，重110
公斤，容积约62590毫升。该鼎呈长方体，深腹平底，平沿方唇，
立耳，四粗壮柱足。四壁中部和四隅均有扉棱，口沿下饰卷
鼻卷尾夔纹，四壁中部饰牛首纹，空白处衬以立鸟纹和夔纹，
柱足饰有浮雕牛首纹和蕉叶纹。内壁铸有牛形图案，一般径
释为"牛"字。该器主体纹饰与铭文均为牛，在青铜器中是
极为罕见的情况。

> 图2-7 牛鼎

　　　7. 妇好鼎（图 2-8）。商代晚期。1976 年出土于河南安阳市小屯村妇好墓。由中国社会科学院考古研究所借陈中国国家博物馆。通高 10.1 厘米。该器侈口束颈，立耳，下腹外鼓，圆底，柱足。口沿下饰涡纹，并间以龟纹，腹饰三角蝉纹。内壁铸有"妇好"二字，略残。妇好墓共出土青铜器 468 件，刻有铭文的近 200 件，刻有"妇好"铭文的有一百余件，多成对或成组，种类以礼器和武器为主。这里以此器为例，主要是向读者介绍其纹饰与同墓所出的其他妇好鼎颇不相同。

>图 2-8　妇好鼎

8.司母戊鼎（图2-9），又名后母戊鼎、司母戊方鼎，商
代晚期。1939 年出土于河南安阳市武官村，今藏中国国家博
物馆。通高 133 厘米、口长 112 厘米、宽 79.2 厘米，重 873
公斤，是现今发现的最大的古代青铜鼎。该器呈长方体，直
壁平底，大立耳，四柱足中空，四隅有扉棱。腹壁四缘各饰
兽面纹和夔纹，耳饰双虎食人纹，足饰兽面纹。铭文三字，
释作"司母戊"，一释为"后母戊"。

> 图 2-9　司母戊鼎

　　　　9. 大禾鼎（图2-10），又称大禾方鼎，商代晚期。1959
年出土于湖南宁乡县黄材镇黄材村，今藏湖南博物院。通高
38.5厘米、口长29.8厘米、口宽23.7厘米，重12.85公斤。
长方体，口大于底，方立耳，平底，四柱足，四隅有扉棱。
器四壁饰浮雕人面，五官俱全，两腮外侧有兽足，耳饰单线
夔龙纹。以人面作纹饰在古代青铜器上罕见，也有学者称其
为人面饕餮。内壁铸铭文"大禾"二字。

> 图 2-10　大禾鼎

10. 作册大鼎（图 2-11），又名作册大方鼎、作册大齐鼎，西周早期。1929 年出土于河南洛阳市邙山马坡村，同出主要器还有作册令方尊、作册令方彝等令家族器组以及臣辰器组。作册为官名，大为令的儿子。该鼎共四件，两件为刘体智旧藏，今均归台北故宫博物院，第三件今藏美国华盛顿弗利尔美术馆，第四件今藏美国诺福克赫美地基金会。四件形体大小相近，纹饰也基本相同，铭文字数三件 41 字，一件 40 字。以

> 图 2-11　作册大鼎

今藏台北故宫博物院的一件器为例，该器通高 26.4 厘米、口
径 19.7 厘米 × 14.8 厘米，重 4.027 公斤。体呈长方槽形，窄
沿方唇，立耳，平底，四隅有扉棱，四柱足。口下饰一头双
身龙纹，云雷纹衬底，龙身弯曲处增饰涡纹，器四壁均饰乳钉，
足上部饰浮雕兽面纹。

11. 夷鼎（图 2-12），西周中期。1975 年出土于陕西扶
风县法门镇庄白村，今藏扶风县博物馆。同出另有夷方鼎两件，
器形与此鼎不同，但纹饰相同，器主相同。此圆鼎通高 22.3
厘米、口径 22.3 厘米、腹深 11.1 厘米，重 4.71 公斤。圆形，
双耳，三柱足，窄沿方唇，下腹向外倾垂，鼎足下部的内侧
附铸新月新平台，有学者认为其可能是用以承放炭火的圆箪。
此类器形在西周中期新见。颈部饰回首卷尾无腹足的夔纹，
以纤细雷纹衬底，腹体素面。

12. 强伯鼎（图 2-13），西周中期。1974—1975 年出土

>图 2-12　夷鼎　　　　　　　>图 2-13　强伯鼎

于陕西宝鸡市渭滨区神农镇茹家庄村，今藏宝鸡青铜器博物院。通高 15.6 厘米、口径 13.8 厘米、附耳高 4.5 厘米、腹深 8.4 厘米，重 1.7 公斤。该器口沿窄平，敛口鼓腹，圆底，三柱足，颈部有一对附耳，平盖折沿，盖中有圈状捉手，盖沿有半环钮与圆环连接一耳。附耳的出现标志着鼎的形制从西周中期起产生了重要变化。颈饰列旗脊云雷纹，盖面与器腹饰斜方格乳钉纹，足上部饰浮雕兽面纹。

13. 禹鼎（图 2-14），西周晚期。1940 年出土于陕西扶风县法门镇任家村，1951 年归藏陕西省博物馆，今藏中国国家博物馆。高 54.6 厘米、口径 46.7 厘米。该器窄沿立耳，圆底，三蹄足。口沿下有六道短扉棱，扉棱间饰窃曲纹，腹饰环带纹，足上部饰浮雕兽面纹。蹄足是西周晚期鼎在形制上出现的新变化。

14. 毛公鼎（图 2-15），西周晚期。道光末年出土于陕西

>图 2-14　禹鼎

>图 2-15　毛公鼎

岐山县，先后归于陈介祺、端方、叶恭绰、陈咏仁，今藏台
北故宫博物院。通高 53.8 厘米、口径 47.9 厘米，重 34.7 公斤。
铭文 497 字，是现存字数最多的古代青铜器。该器窄沿方唇，
口微敛，鼓腹圆底，三蹄足，立耳。口沿下饰大小相间的重
环纹和弦纹，腹部素面。

15. 黄君孟鼎（图 2-16），春秋早期。1983 年出土于河
南光山县宝相寺村上官岗，今藏河南博物院。通高 27 厘米、
口径 29.2 厘米、腹深 12.6 厘米。敛口浅腹，折沿立耳，圆底，
三蹄足。腹饰一道弦纹，器身素面。同墓出土鼎两件，形制、
铭文基本相同。

16. 庚儿鼎（图 2-17），春秋中期。1961 年出土于山西
侯马上马村 13 号春秋墓，今藏山西博物院。作器者为"庚儿"，
是徐国国君之字。传世沇儿钟铭有"徐王庚"，庚儿鼎的庚
儿可能就是沇儿钟的徐王庚。徐为江淮间嬴姓国，一度势力
较强，西周时期，周王多次征伐南淮夷就跟徐国有关。春秋
时期，与楚、吴、齐等国或敌或友，公元前 512 年为吴所灭。
该器高 43 厘米、口径 48 厘米。附耳蹄足，浅腹束颈，口沿
及腹上部饰蟠螭纹，下腹饰三角纹，足上有蟠螭纹组成的简
化兽面纹。

17. 蔡侯申鼎（图 2-18），又名蔡侯鼎，春秋晚期。1955
年出土于安徽寿县春镇西门村，今藏安徽博物院。通高 46.5
厘米、口径 44 厘米，重 18.6 公斤。该器侈口束腰，平底，三
蹄足较粗，口两侧斜出一双大立耳，腹壁有兽形扉棱六道，

> 图 2-16 黄君孟鼎

> 图 2-17 庚儿鼎

> 图 2-18 蔡侯申鼎

> 图 2-19 邵鼎

饰蟠螭纹，足上部饰兽面纹。据《蔡侯墓》发掘报告，同出鼎七件，依次略小，均略残，铭文见于三件，其他四件均残缺。

18. 邵鼎（图 2-19），又名邵之饲鼎，战国早期。1980年出土于四川新都县马家镇，今藏四川省博物院。通高 26 厘米、口径 24.9 厘米。腹盖相合呈扁球体，圆底，盖上有衔环龙钮和三个圆雕牛钮，两附耳稍向外侈，三蹄足外侈。盖顶以三角雷纹为边栏，形成三周纹带，其外两周为勾云状凤鸟纹，内周饰弧线勾云纹；腹部凸弦纹上下各饰一周凤鸟纹；足上部饰兽面纹。从战国时期开始，青铜器纹饰的图案性、装饰性更强，普遍饰以云雷纹和弦纹。

19. 郸孝子鼎（图 2-20），战国中期。商承祚旧藏，今藏故宫博物院。通高 23.6 厘米、宽 31.8 厘米、口径 21 厘米，重 4.64

>图 2-20 郸孝子鼎

公斤。圆形近球体，三蹄足，附耳，盖上饰三牺，器身饰两道弦纹。

20.楚王熊悍鼎（图2-21），又名楚王酓肯鼎，战国晚期（楚幽王公元前237—公元前228年）。1933年出土于安徽寿县朱家集李三孤堆墓葬。今藏中国国家博物馆。高53.5厘米、口径55.4厘米。直口，附耳，平盖沿下折，盖上有三个H形钮，正中一个为衔环钮，三蹄足。盖和耳饰菱形纹和云纹组成的几何纹，腹饰一圈凸弦纹，足上部饰浮雕兽面。

> 图2-21　楚王熊悍鼎

据吴镇烽《商周青铜器铭文暨图像集成》及其《续编》《三编》可知，现已公布的商周时期的青铜鼎有 3034 件，这里按时代列举了代表性器 20 件。无论从器形、纹饰还是铭文字体、文风上看都有典型的时代特征。从器形上看，鼎主要分两种：方鼎和圆鼎。圆鼎更为普遍，鼎身表现为由深腹向浅腹变化，圆底向平底变化，立耳向附耳变化，锥足向柱足再向蹄足变化。方鼎到商代晚期才较流行，到西周中期以后基本上就消失了，存在时间不长。纹饰上商代早中期都很朴素，弦纹较多，到商代晚期纹饰最为繁杂，最典型的是用兽面饕餮、扉棱、夔龙纹，再用云雷纹衬底，西周早期还基本沿袭，到西周中期以后纹饰变得简洁，多用凤鸟纹，春秋战国以后多饰几何纹。另有少量鬲鼎，这里就不举例介绍了。

　　早在新石器时代，就出现了大量陶鬲。《尔雅·释器》说："鼎，款足者谓之鬲。""款"的意思按《汉书·郊祀志》的说法是空，鼎足中空的，就是鬲；如果按晋郭璞的解释是曲。中空是就鬲足的内部而言，曲是就鬲足外形呈袋形而言，两种意见都从不同角度描述鬲足的特征，各有一定道理。鬲作为一种烹煮食器，其在先民的生活中具有十分重要的意义。青铜鬲早见于商代早期，其典型特征是袋形腹，但至商晚期以后，袋腹逐渐变浅，其炊煮烹食的功能明显发生了变化。

袋形腹的作用主要是为了扩大受火面积，较快地煮熟食物，袋腹逐渐蜕化，有学者认为多数青铜鬲有精美的花纹，不宜火煮，当为盛粥器，这恐怕不一定属实，装饰精美纹饰的青铜鬲是否为盛粥器还需要别的依据，也有可能只是用作祭祀的礼器，但鬲的烹食功能发生变化则是可以肯定的。

　　1. 亘鬲（图 2-22），商代中期。通耳高 21.4 厘米、口径15.5 厘米、足距 12.8 厘米。1958 年由当时的中国历史博物馆购得，今藏中国国家博物馆。该鬲束颈侈口，立耳，高裆袋足，足呈锥状且中空。颈饰三道弦纹，腹饰双线人字纹。有学者定其年代为商代早期，但从形制与纹饰来看，定其为商代中期更为合适。口沿铸铭文一，似为器主徽号，学者径释为"亘""钺""耳"等。

> 图 2-22　亘鬲

2. 齿父己鬲（图 2-23），商代晚期。该鬲 1927 年由军阀党玉琨（亦作毓坤）在陕西宝鸡县戴家湾盗掘出土，后归罗振玉、容庚，今藏台北故宫博物院。通高 15.5 厘米、深 10.5 厘米、口径 14.5 厘米、腹围 44.7 厘米，重 1.225 公斤。该器侈口束颈，立耳，鼓腹弧裆，款足较短，足下端为柱形。颈饰三排由云雷纹构成的兽面纹。内壁铸铭三字，首字当为徽号，学者径释为"齿"，二、三字为"父己"，当是献祭器主名己之父的鬲。

> 图 2-23　齿父己鬲

3. 伯矩鬲（图 2-24），西周早期。北京房山区琉璃河 251 号墓出土，通高 33 厘米、口径 22.9 厘米，今藏首都博物馆。该器有平盖，盖顶中央置一由两个相背的立体小牛首组成的盖钮，盖面饰以浮雕牛首纹，角端上翘。口沿外折，方唇，立耳，束颈，袋足。颈部饰六条短扉棱，扉棱间饰以夔纹，袋足均饰牛头纹，牛角角端均上翘，高于器表。馆藏文物介绍上说：此鬲纹饰十分精美，各部均以牛头纹装饰，主体纹饰皆为高浮雕，给人雄奇威武之感。艺术设计和铸造工艺极为高超，是周初青铜器中的杰作。

> 图2-24　伯矩鬲

　　4. 微伯鬲（图2-25），西周中期。1976年出土于陕西扶风县法门镇法门寺庄白村1号窖藏，今藏宝鸡周原博物院。高10.5厘米、口径14.1厘米、腹深6.1厘米，重1.104公斤。该器宽平沿，束颈弧裆，三实足，里面内凹，腹部与足对应

> 图 2-25　微伯鬲

之处各有一道扉棱。腹饰直线纹，中腰有一道凹带。同窖藏出土五件微伯鬲，铭文相同，器形纹饰均同，大小相近。

　　5. 虢季氏子钛鬲（图 2-26），西周晚期。1956 年出土于河南三门峡市上村岭虢国墓地 1631 号墓；今藏中国国家博物馆。高 10.4 厘米、口径 15.3 厘米。该器宽平沿，束颈，鼓腹，弧裆三蹄足，与足对应的腹部有扉棱，腹饰兽面纹。

> 图 2-26　虢季氏子钛鬲

6. 黄子鬲（图 2-27），春秋早期。1983 年出土于河南光山县宝相寺上官岗墓葬，今藏河南信阳市文物管理委员会。高 11 厘米、口径 13.8 厘米。宽折沿，束颈折肩，弧裆，三蹄足微外张，腹饰卷体夔纹。

> 图 2-27　黄子鬲

> 图 2-28　子范鬲

7. 子范鬲（图 2-28），春秋中期。今藏美国纽约首阳斋。高 10.9 厘米、口径 14.7 厘米、腹深 6.9 厘米、腹径 13.3 厘米，重 1.115 公斤。该器宽平沿，束颈圆肩，鼓腹宽裆，三蹄足，足内侧较平，与足对应的腹部各有一条扉棱。腹饰卷体龙纹，四龙一组，两侧龙纹倒置。

鬲的形制到西周中期基本就固定下来，袋腹消失，其后都大同小异，到春秋以后数量就相当少了，恐怕与其少作礼器、炊煮功能发生变化不无关系。

甗类似后来的蒸食器甑，上部用以盛食物，下部为鬲可盛水，中间有箅让蒸汽上升以便蒸食。商代中期已出现青铜甗，但数量颇少，到商晚期才普遍流行。以下举些有代表性的甗。

1. ⋔甗（图2-29），商代中期。1972年山西长子县北关同福生产队北高庙出土。今藏长治市博物馆。通高39厘米、口径25厘米、腹深19厘米。该器敞口深腹，口沿上折，两小耳直立折沿，束腰，内无箅，三空心锥足，一足已残，通体光素无纹饰。

2. 好甗（图2-30），商代晚期。1976年出土于河南安

> 图2-29　⋔甗

阳市小屯村妇好墓，今藏中国社会科学院考古研究所。通高
34.8厘米，重6.7公斤。该器为分体甗，甑敞口平底，下腹急收，
腹上两侧有牛首半环形耳，底有三角形镂孔四个；口沿下饰
夔纹带，下加三角纹。鬲部圈口略外侈，平肩宽边，腹下略鼓，
鼓腹分裆，三短足，上端中空；腹饰双线人字纹。

　　3. 寡史甗甗（图2-31），西周早期。清宫旧藏，今藏台

> 图2-30　好甗

北故宫博物院。通高41.3厘米、腹深24厘米、口径25.5厘米、重5.345公斤。该甗为连体式，侈口方唇，深腹束腰，双立耳微微外侈，鬲部分裆款足，足下端作柱状。口沿下饰三列云雷纹构成的兽面纹，鬲腹饰牛角兽面浮雕。

4.弭伯甗（图2-32），西周中期。1974—1975年出土于陕西宝鸡市渭滨区神农镇茹家庄一号西周墓，今藏宝鸡青铜器博物院。通高36厘米、立耳高4.2厘米、口径23厘米×24.5厘米、腹深21.5厘米，重5.3公斤。该器连体式，侈口深腹，立耳，三柱足。口沿下饰云雷纹构成的兽面纹，鬲腹饰牛角兽面浮雕。

5.叔钊父甗（图2-33），西周晚期。1993年出土于山西曲沃县天马曲村遗址北赵晋侯墓地64号墓，今藏山西省考

> 图 2-31　寡史颙甗

> 图 2-32　弭伯甗

> 图 2-33　叔钊父甗

古研究院。通高 37.2 厘米、口径 24.5 厘米。该器为分体式。
甑部立耳，翻唇，方形侈口，斜直壁，底部铸有十字形镂孔，
下有子口插入鬲部。鬲为折沿，短直颈，袋腹鼓出，浅分裆，
蹄形足，附耳有短梁与口沿相连。甑口沿下饰变形兽体纹，
腹饰波曲纹。鬲部每个袋腹两侧各有一个目纹。甑内壁铸铭
文 3 行 15 字，记叔钊父为柏姞作此甗。柏为西周时封国，在
今河南省境内，春秋时犹存。由本铭，知柏为姞姓国。青铜
器铭文中记录柏之国名，此为首见。

　　6. 曾子仲諆甗（图 2-34），春秋早期。1971 年出土于河

南新野县城关镇小西关村，今藏河南博物院。耳间距34.5厘米、
通高36.7—37.1厘米、甗口径28.5厘米、鬲体高19厘米。分
体式，甗敞口，沿外折，直腹平底，底部有长条状和十字状镂孔，
两个方形附耳；耳内外饰重环纹，颈饰无目窃曲纹。鬲为直
口鼓腹，三款足，足下部呈圆柱形（经后补铸），两小附耳，
素面无纹饰。

7. 曾公子弃疾甗（图 2-35），春秋晚期。2011 年出土于
湖北随州市义地岗村曾公子弃疾墓，今藏湖北省文物考古研
究院。通耳高50.9厘米、甗口径33.7厘米、甗腹深23.3厘米、
鬲口径19.6厘米、鬲腹径22.8厘米。该器分体式，甗为圆口，
平沿，方唇，束颈，深圆腹，下腹内收，平底，颈部有对称
长方形附耳。甗底背面有一十字形凹槽，当为未穿透的箅孔。
鬴（釜）口圆形，尖唇，与甗的底端套合，束颈，圆肩，鼓

> 图 2-34 曾子仲誺甗

> 图 2-35 曾公子弃疾甗

腹下收，平底，三蹄足略外撇。甑耳正反两面均饰云雷纹，颈部饰一周相互缠绕的龙纹带，填以圆点纹。龙吻上卷，下颌短而上勾，"Z"形角，圆目，曲身，卷尾。腹部由上而下饰凸弦纹、龙纹带、绹纹和蕉叶纹各一周，凸弦纹上饰短斜线纹，龙纹带与颈部的纹饰相同。鬲（釜）为素面，足根部饰兽面纹。

　　8. 铸器客甗（图2-36），战国晚期。1933年出土于安徽寿县朱家集李三孤堆墓葬，今藏上海博物馆。高118厘米、口径27.5厘米。该器分体式，甑为窄沿直口，附耳微向外张，下腹收敛，平底有箅，下有榫圈；鬲（釜）呈扁球体，直口短颈，

> 图2-36　铸器客甗

圆肩圆底，附耳向外曲张，蹄足较高。甗颈和鬲肩各饰弦纹一圈，蹄足上部有兽首浮雕。

从西周晚期起，甗的数量有所下降，到春秋中期以后已很罕见。从器形来看，西周晚期起普遍采用分体式。柱足逐渐改成蹄足，袋腹鬲改造成了圆底球形的鬴（釜）。器形表面的纹饰逐渐淡化，更增强了器物实用性的价值。

簋是盛放饭食的器具，功能类似于今天的碗。青铜器簋自名为"𣪕"，古书上写作"簋"。宋代人将其误释为"敦"，又将"敦"误释作"彝"，还将"盨"一度混入"簋"，名目混乱。清代学者陈介祺、方濬益改彝为敦，钱坫辨"𣪕"为簋，纠正了一些错误，但仍混盨为簋。王国维在继承了陈、方二氏的意见，容庚则将盨与簋分出，并详细申论钱氏的观点。

作为礼器，簋与鼎常配合使用。尤其是在西周时期，簋与鼎使用的数目与使用者身份有着严格匹配关系。《公羊传》何休注："天子九鼎，诸侯七，大夫五，元士三。"这里说的是鼎的数目，簋正好就是比鼎分别少一个的偶数，即天子八簋，诸侯六，卿大夫四，元士二。这虽反映的是春秋时的状况，但据俞伟超、高明的《周代用鼎制度研究》，这种现象基本符合西周礼制。以下举例介绍一些有代表性的簋。

042

> 图 2-37　围簋

> 图 2-38　好簋

> 图 2-39　利簋

1. 围簋（图 2-37），商代中期，罗振玉旧藏。该器侈口圆唇，深腹圈足，颈饰三道弦纹，腹为素面。

2. 好簋（图 2-38），商代晚期。1976 年出土于河南安阳市小屯村殷墟妇好墓，今藏中国社会科学院考古研究所。高 9.1 厘米、口径 13.5 厘米，重 0.9 公斤。该器侈口薄唇，腹略外鼓，圈足矮而直，上有小方孔三个，口下有浮雕牺首三个。口下饰云雷纹，腹饰斜方格乳钉纹，圈足饰目雷纹。

3. 利簋（图 2-39），西周早期。1976 年出土于陕西临潼县零口村窖藏，今藏中国国家博物馆。通高 28 厘米、口径 22 厘米、腹深 13.5 厘米，重 7.95 公斤。该器侈口鼓腹，束颈兽首耳，下有长方形珥，圈足下连铸方座。器腹和方座均饰下卷角兽面纹，圈足饰夔龙纹，均以云雷纹衬底。这种方座簋始见于西周初年。器内底铸铭文 4 行 32 字，记载了甲子日清晨武王伐纣的重大历史事件。

4. 弍簋（图 2-40），又名弍作旅簋，西周中期。1980 年出土于陕西扶风县法门镇黄堆村，今藏宝鸡周原博物院。通高 18.1 厘米、口径 17 厘米、腹深 11.3 厘米，重 3.276 公斤。该器弇口鼓腹，矮圈足外侈，一对兽首耳，下有长方形垂珥，盖面隆起，正中有圈状捉手。盖沿、器颈均饰云雷纹衬底的回首夔龙纹，腹饰瓦纹。

> 图 2-40 弍簋

044

> 图 2-41　虎簋

> 图 2-42　秦公簋

5. 虎簋（图 2-41），西周晚期。据吴大澂题跋谓出土于陕西扶风县法门寺，今藏日本神奈川箱根美术馆。该器侈口束颈，鼓腹，圈足外侈，其下连铸方座，兽首耳下有象鼻纹垂珥，兽耳高耸，隆起的盖上有莲瓣形捉手，盖上有四道棱脊。颈饰兽目交连纹，圈足饰变形兽纹，盖面、腹部和方座饰环带纹。

6. 秦公簋（图 2-42），春秋早期。出土于甘肃省礼县，今藏美国纽约首阳斋。高 16.2 厘米、口径 18.9 厘米、腹深 9.2 厘米、腹径 22.8 厘米，重 4.47 公斤。原有盖，弇口，体宽鼓腹，圈足下接三兽足，腹部两侧设兽首形耳，耳端龙首宽厚，蜷身，下有垂珥呈卷尾状。口沿下饰兽目交连纹，腹部饰三层交错的垂鳞纹，圈足上饰一周鳞纹。

7. 秦公簋（图 2-43），春

>图 2-43　秦公簋

秋中期。甘肃礼县出土，原藏皖中张贞松，今归藏中国国家博物馆。高 19.8 厘米、中径 18.5 厘米、足径 19.5 厘米。该器为子母口，浅圆腹，圈足外侈，兽首双耳，无垂珥，盖面隆起，上有圈状捉手。盖、口下及圈足均饰细密的蟠虺纹，腹饰瓦纹。

8. 佣簋（图 2-44），春秋晚期。1978 年出土于河南淅川县仓房镇下寺村，今藏河南博物院。通高 30.5 厘米、口径 27 厘米、腹深 32 厘米，重 16 公斤。弇口鼓腹，有子口，双耳铸有怪兽形，圈足上附三个兽面扁足（已残），球面形盖，上有圈状捉手，盖与体有四道夔龙形扉棱。盖面、器身和圈足饰瓦纹、蟠虺纹和重环纹。

> 图 2-44　佣簋

9. 曾侯乙簋（图 2-45），战国早期。1978 年出土于湖北随县擂鼓墩曾侯乙墓，今藏湖北省博物馆。该器通高 31.8 厘米、口径 22.2 厘米、座高 10 厘米，重 12.8 公斤。侈口束颈，鼓腹，

> 图 2-45 曾侯乙簋

腹有卷曲成弓形的龙耳，圈足下连铸方座，方座每边有长方形缺，盖隆起，上有莲花形捉手。莲瓣饰云纹，盖面、器颈、器腹和方座均饰连凤纹、勾连云纹、鸟首纹等。同出曾侯乙簋八件，鼎九件，僭越周天子九鼎八簋的礼制，正反映了东周以来礼崩乐坏的事实。

10. 陈侯午簋（图 2-46），战国中期，田齐桓公时期器。沈阳故宫旧藏，今藏台北故宫博物院。通高 34.1 厘米、深 11.3 厘米、口径 26.2 厘米、方座长 26 厘米、宽 25.5 厘米，重 18.585 公斤。该器侈口束颈，腹较浅，龙形双耳，下有垂

> 图 2-46　陈侯午簋

珥，圈足外侈，下沿连铸方座。腹饰环带纹，圈足饰垂鳞纹，
方座壁饰环带纹。铭文所记为陈侯午（田齐桓公）为先妣作器，
用以祭祀，祈求保佑齐邦，永世毋忘云云。

　　11. 慎克簋（图 2-47），战国晚期。2002 年出土于湖北
枣阳市九连墩 2 号墓，今藏湖北省博物馆。通高 28.5 厘米、
口径 23.8 厘米、座高 12.6 厘米、长 23.8 厘米。该器多口方唇，
束颈，圆底，圈足外侈，与方形器座连铸。器座四壁有缺，
并饰以镂空蟠螭纹、雷纹。

　　到战国以后，簋的数量明显下降，这与整个青铜礼器的
减少相符，表明青铜时代逐渐过渡进入铁器时代。

> 图 2-47　慎克簋

豆是一种盛放腌菜、肉酱等食物的青铜器皿，形似高脚杯。《周礼·天官·醢人》谓"醢人掌四豆之实"，包括"朝事之豆""馈食之豆"等，是说周代谓醢人的职责就是负责宗庙祭祀时四次用豆进献的食物，包括用指定材料做成的腌菜和肉酱。这些食物都盛放在豆这样的高脚杯中。

豆作为礼器之一，与鼎、簋等配合使用，不同场合有不同数目的要求，但一般用偶数。《周礼·秋官·掌客》规定

"掌四方宾客之牢礼、饩献、饮食之等数与其政治"，其中，"诸侯之礼"要求"上公五积，……豆四十……侯伯四积，……豆三十有二……子男三积，……豆二十有四……夫人致礼：……六豆……"。《礼记·礼器》载："礼，有以多为贵者：……天子之豆二十有六，诸公十有六，诸侯十有二，上大夫八，下大夫六。"

1. 斝叔豆（图 2-48），商代晚期。据说 1981 年出土于山东费县，1981 年北京市文物工作队从废铜中拣选而出，今藏北京市文物研究所。高 10 厘米、口径 10.7 厘米。该器窄折沿，侈口，圆底，筒形圈足甚高。盘腹饰两弦纹，间饰圆涡纹。

2. 史父乙豆（图 2-49），西周早期。1976—1981 年，出土于陕西宝鸡市渭滨区竹园沟 13 号墓，今藏宝鸡青铜器博物院。通高 12.1 厘米、口径 13.1 厘米、豆盘深 4.9 厘米、高把粗 5.7 厘米、圈足径 8.3 厘米，重 0.65 公斤。该器直口深腹，高圈足外侈。盘壁间饰浮雕圆涡纹。

3. 康生豆（图 2-50），西周中期。据陈邦怀先生拓本题跋，从太原铜厂拣选出来，今藏山西博物院。通高 15.1 厘米、口径 15.5 厘米、腹深 6.2 厘米。直口方唇，高圈足，下呈喇叭状，腹足一侧有弧形兽首銴。盘壁饰圆涡间卷体夔纹，圈足跟饰相顾式双头龙纹，下部饰蕉叶状兽面纹。

4. 周生豆（图 2-51），西周晚期。1978 年，出土于陕西宝鸡西高泉村墓葬，今藏宝鸡青铜器博物院。通高 19.5 厘米、盘径 14.8 厘米、盘深 4 厘米，重 3.3 公斤。该器浅盘敛口，假腹，

>图2-48 娄叙豆

>图2-49 史父乙豆

>图2-50 康生豆

>图2-51 周生豆

束腰高座，座呈喇叭状。盘腹饰云纹及浮雕圆涡纹，座中腰有一道箍棱，箍棱上下皆饰鳞纹。

5. 黄君孟豆（图 2-52），春秋早期。1983 年出土于河南光山县关镇宝相寺村上官岗，今藏河南博物院。高 24.8 厘米、口径 24.2 厘米。宽折沿，束颈，折肩斜腹，小平底，三角形镂空高圈足。通体光素。铭文铸于折肩部。

> 图 2-52　黄君孟豆

> 图 2-53　曾侯乙豆

6.曾侯乙豆（图 2-53），战国早期。1978 年出土于湖北随县擂鼓墩曾侯乙墓，今藏湖北省博物馆。通高 26.4 厘米、口径 20.6 厘米、腹深 9 厘米，重 5.9 公斤。直口方唇，深腹，圆柱形柄，喇叭形圈足，盖面隆起，上有四个兽形钮。通体镶嵌绿松石，饰鸟首龙纹、鸾凤纹和变形蟠龙纹。

7.铸客豆（图 2-54），战国晚期。1933 年出土于安徽寿县朱家集李三孤堆墓葬，同出有 6 件，器形、铭文均同，但尺寸略有差异，此件今藏旅顺博物馆。通高 30.5 厘米、口径 13.5 厘米、底径 9.8 厘米。该器体呈大半球形，直口圆底，圆

> 图 2-54　铸客豆

柱形高柄，上粗下细，其下连接圈足。通体光素。铭文刻口沿之外。

从现今所见实物情况来看，豆的数量很少，不到百件。但从商代晚期直至战国晚期，都可见到有豆的身影。从形制来看，我们这里仅举了圆形豆，方形豆也有少量存在。从商到周，形制变化主要反映在足的尺寸上，由粗变细，由矮变高。其纹饰与当时铜器纹饰风格一致，总体上还是较为朴素。

匕是一种取食的器具，有点类似后世的勺子，只不过取食部分显得扁平。《诗经·小雅·大东》："有饛簋飧，有捄棘匕。"朱熹注："棘匕，以棘为匕，所以载鼎肉而升之于俎也。"《说文·匕部》："匕，亦所以用比取饭。一名柶。"段玉裁注："匕即今之饭匙也。……按《礼经》匕有二：匕饭、匕黍稷之匕盖小，《经》不多见；其所以别出牲体之匕，十七篇中屡见。丧用桑为之，祭用棘为之。又有名'疏'、名'挑'之别，盖大于饭匙，其形制略如饭匙，故亦名匕，郑所云'有浅斗，状如饭㮾'者也，以之别出牲体谓之匕载，犹取黍稷谓之匕黍稷也。"上引《诗经》所言之匕为祭祀时取肉之匕，《说文》所释为取饭食之匕，汉代的文字学家许慎、宋代大儒朱熹均未对匕进行区分，至清代段玉裁对其功用、形制才作出了正确的区分。一般而言，较长较大的为取肉之匕，即匕载，较小较短者为取饭之匕，即匕黍稷。出土之匕实不多见，以下凡举三种，前二种当为取肉之匕，后一种似为取饭之匕。

1. 微伯瘴匕（图 2-55），西周中期。1976 年出土于陕西扶风县法门寺庄白村 1 号窖藏，今藏宝鸡周原博物院。通长32.4 厘米、柄长 17.3 厘米，重 0.408 公斤。该器首呈桃叶形，柄作扭索形，后端作梯形，饰镂空双头夔龙纹。同窖藏出土微伯瘴匕二件，器形、纹饰、铭文均同，仅大小略有出入。

2. 曾侯乙匕（图 2-56），战国早期。1978 年出土于湖北随县擂鼓墩曾侯乙墓，今藏湖北省博物馆。通长 45.8 厘米、首长 15.6 厘米、首宽 9.2 厘米、柄宽 2.6—7.2 厘米，重 1.035公斤。该器椭圆形首，柄扁平，微弧拱，前端较窄。柄部饰镶嵌绿松石的变形蟠螭纹。

3. 左使车工匕（图 2-57），战国晚期。1974—1978 年出土于河北平山县中山王墓，今藏河北省文物考古研究院。通长 22.8 厘米、宽 8.8 厘米，重 0.45 公斤。勺体长圆，扁体，柄向上斜出，断面呈抹角长方形，由下向上渐大，鍪内有朽木。铭文刻于柄背。

从现今所见实物来看，匕的数量很少，仅 20 余件。最早见于商代晚期，商和西周只有零星几件，主要见于战国中晚期。毕竟作为食用器中的小宗，匕难以与别的器一样享有同样的重视。

>图2-55 微伯瘷匕

>图2-56 曾侯乙匕

>图2-57 左使车工匕

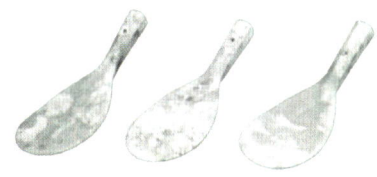

▶青铜器品类之二：酒器

"金樽清酒斗十千，玉盘珍羞直万钱。"商代的酒器是非常丰富的，从现有出土铜器来看，饮酒、贮酒、温酒、挹酒等器具，品类完备，数量可观。西周以后，则明显减少，除少量用作祭祀礼器之外，基本不见出土酒器。这与商人嗜酒，周人节制饮酒的传统有关。

爵是最早出现的青铜饮酒器，其形状一般前有流，用以倾酒，后有尖锐状尾，中为杯，流与杯口之间有双柱，一侧为鋬，下有三足。外形貌似鸟雀，故《说文》云爵"象爵之形"，"爵""雀"古为通假字。新近研究指出，传统所谓之"爵"实当改称作"觚"。本书仍沿用旧称。

1. 束腰爵（图 2-58），夏晚期。今藏上海博物馆。高11.7 厘米，流至尾长 14.1 厘米。该器为传世器，无出土信息。形制古朴，素面无纹饰。

2. 天爵（图 2-59），商代晚期。1976 年出土于河南安阳市殷墟西区 692 号墓，今藏中国社会科学院考古研究所安阳

> 图 2-58　束腰爵

> 图 2-59　天爵

工作站。高 17.4 厘米，流至尾长 17.8 厘米，该器曲口宽流，尖尾上翘，流折处有菌状双柱，卵圆形腹，三条三棱锥足，牛首扁环鋬。颈饰云雷纹组成的三角纹，腹饰云雷纹组成的兽面纹。鋬内铸铭文一字。

　　3. 目爵（图 2-60），西周早期。1976 年出土于陕西扶风县黄堆乡云塘村 20 号墓，今藏宝鸡周原博物院。通高 22.2 厘米，流至尾长 17.8 厘米，口宽 7.9 厘米，腹深 7.2 厘米，重 0.858 公斤。该器流槽窄长，尖尾上翘，口沿上有一对束伞状柱，

> 图 2-60　目爵

牛首形鋬，卵形腹，三棱锥足瘦长且外撇，腹部有三条短扉棱。腹饰兽面纹。

4. 孟爵（图 2-61），又称孟作旅爵，西周中期。1976 年出土于陕西扶风县法门寺庄白村 1 号窖藏，今藏宝鸡周原博物院。通高 18.1 厘米，流至尾长 15.5 厘米、腹深 8.5 厘米，重 0.63 公斤。该器流槽较短，尾较长，口沿上有一对立柱，柱帽呈伞形，内侧有兽首鋬，卵形腹，三足呈刀削形。腹部饰两道弦纹。

爵主要活跃在商代晚期至西周早期，西周中期衰落，到西周晚期就基本消失。商代晚期和西周早期，爵从形制和纹饰风格上说，并无实质上的差异。

> 图 2-61　孟爵

角

角也是一种饮酒器，主要特征是口有两翼，作"V"形分离，杯形如爵，三锥足。主要存在于商和西周早期。如：

1. 亚址角（图2-62），商代晚期。1982—1992年间出土于河南安阳市郭家庄，今藏中国社会科学院考古研究所。通高21.6厘米、口长16.8厘米，重0.8公斤。该器口有两翼，作凹弧形分离，深卵圆腹，三条三棱锥足，足尖外侈，腹一侧有兽首扁环鋬。双翼下各饰大三角纹，大三角内填以变形倒夔纹，腹饰两组兽面纹。同墓出有角一套十件，形制、纹饰、铭文相同，大小略异。

> 图2-62 亚址角

2. 荔册竹祖癸角（图 2-63），西周早期。1901 年出土于陕西宝鸡市斗鸡台，端方旧藏，今藏美国纽约大都会艺术博物馆。通高 20 厘米、口长 14.6 厘米，重 1.1 公斤。该器两翼上翘，口弧曲，圆腹突底，一侧有兽首扁环鋬，三条三棱锥足。两翼下饰目云纹，腹饰单线兽面纹。

角的数量很少，据现今公布的情况来看，仅 100 件左右，时代均为商代晚期和西周早期。

> 图 2-63　荔册竹祖癸角

觚，是一种裸酒器，典型特征为圈足喇叭形，主要存在于商代和西周早期，到中期就寥寥无几了。其铭文中无自名"觚"，青铜器研究史上一直沿用宋人定名传统，最近因为出土有所谓的觚自名为"同"，因此有学者提出传统所谓"觚"实当为"同"，这一意见可能是正确的，但因为习惯，学术界依然称这种饮酒器为"觚"。典型的觚举例如下：

1. 宁觚（图2-64），商代晚期。1983年出土于河南安阳市郭家庄南地1号墓，今藏安阳博物馆。通高30.9厘米、口径17.5厘米。该器为细高体，喇叭口，腹微外鼓，圈足台座较高，腹和圈足各有四道扉棱。颈饰蕉叶纹，下饰一周夔龙纹，腹饰兽面纹，圈足饰象纹和兽面纹，均以云雷纹衬底，腹足间有两道弦纹，前后一对假十字镂孔。

2. 卒旅父乙觚（图2-65），西周早期。1976年出土于陕

> 图2-64　宁觚

西扶风县法门寺庄白村 1 号窖藏，今藏宝鸡周原博物院。高
25.3 厘米、口径 13.2 厘米、腹深 18.4 厘米，重 0.529 公斤。
该器状如唢呐，中腰纤细。圈足饰兽面纹，上下配以目雷纹。

3. 亚牧父乙觚（图 2-66），西周中期。1991 年出土于
陕西扶风县法门镇齐家村西周墓，今藏宝鸡周原博物院。高
20.1 厘米、口径 12.4 厘米、腹深 13.8 厘米，重 0.45 公斤。该
器呈喇叭口，长颈鼓腹，高圈足沿外撇。颈下部和圈足上部
各饰两道弦纹，腹饰云雷纹组成的兽面纹。同出觚有二件，
形制、铭文基本相同，大小略异。

>图 2-65 宰旅父乙觚

>图 2-66 亚牧父乙觚

斝是一种温酒器，也常被用作裸祭之礼器。《礼记·明堂位》："灌尊，夏后氏以鸡夷（彝），殷以斝，周以黄目。"斝通常的形体特征是双柱，器身作尊形，有鋬，下承三空锥足。主要流行于商至西周早期。代表器如下：

1. 耳斝（图2-67），商中期。今藏保利艺术博物馆。通高31厘米、口径17厘米，重2.69公斤。侈口长颈，口两侧立二柱，菌形柱帽，深腹，直壁略外鼓，平底下有三条外撇锥足，

图2-67 耳斝

图 2-68　襄斝

图 2-69　羍父辛斝

扁条兽首鋬。口沿内铸铭文一字作 🔲，或释为"亘"，故又称亘斝。

2. 襄斝（图 2-68），商代晚期。1934—1935 出土于河南安阳市侯家庄西北岗，今藏台北"中研院"史语所。高 30.3 厘米、口径 17.4 厘米。该器侈口束颈，鼓腹圆底，口沿上有一对束伞形立柱，腹内侧有带头半环形鋬，三棱锥足外撇。颈部饰圆涡纹间以夔纹，上饰三角仰叶纹，腹部饰兽面纹。

3. 羍父辛斝（图 2-69），西周早期。1967 年出土于甘肃灵台县白草坡村 1 号墓，今藏甘肃省博物馆。通高 32.5 厘米、口径 19.5 厘米。该器侈口长颈，鬲形腹，口沿上有一对束伞状柱，分裆，三足下端呈圆柱状，兽首形鋬。颈部饰两道弦纹，柱帽饰涡纹。

盛酒器。古代用兽角制，后也用木或青铜制。《诗经·周南·卷耳》："我姑酌彼兕觥，维以不永伤。"毛传："兕觥，角爵也。"又称作"觵"。《说文·角部》："觵，兕牛角可以饮者也。从角，黄声。其状觥觥，故谓之觵。"其形制通常腹椭圆形或方形，底为圈足或四足。有流，有把手。盖做成带角的兽头形或长鼻上卷的象头形，也有整体作兽形的。偶有觥内附有酌酒用的勺。盛行于商代和西周前期。

1. 告田觥（图2-70），商代晚期（一说西周早期）。出土于陕西宝鸡市金台区戴家湾村，今藏丹麦哥本哈根国家博

> 图2-70　告田觥

物馆。连座高 50 厘米、器高 31.2 厘米、长 41 厘米。该器宽长流，侈口矮圈足，腹作椭方形，兽首鋬，鋬下有小钩形珥。盖的前部作龙首形，龙身在盖面上，其侧饰长龙纹，器颈亦饰长龙纹，圈足饰夔纹。器下有长方形禁，禁面凸起，略小于觥的圈足，禁面饰斜角顾龙纹，前后壁各有四个长方形镂孔，左右壁饰直棱纹，上下皆有长龙纹，左右饰直立的回首夔纹。

2. 长子口觥（图 2-71），西周早期。1997 年出土于河南鹿邑县太清宫镇太清宫村，今藏河南省周口市文化广电和旅游局。通高 21.4 厘米、首尾长 26 厘米、腹深 5.2 厘米，重 2.3 公斤。该器方体方圈足，曲口兽首鋬，鋬的首耳高耸，盖作龙首形，后饰大兽面，兽耳亦高耸；腹微曲，颈、腹和圈足的四角和四壁中部有矮扉。颈和圈足饰夔龙纹，腹饰兽面纹，均以云雷纹衬底。

> 图 2-71　长子口觥

3. 丰觥（图 2-72），又称丰启觥，西周中期（一说西周早期前段）。2008—2009 年出土于山东淄博市高青县陈庄村，今藏山东省文物考古研究院。该器呈椭方形，侈口束颈，鼓腹圈足，一侧有曲口宽流，一侧兽首鋬，上置龙头盖，有脊有尾。颈部有一道粗箍棱，圈足饰一道弦纹。

> 图 2-72　丰觥

尊

尊是一种盛酒器。《说文·酉部》："尊，酒器也。"
段玉裁注："凡酒必实于尊，以待酌者。" 朱骏声《说文通
训定声》："尊为大名，彝为上，卣为中，罍为下，皆以待
祭祀宾客之礼器也。"外形一般作鼓腹侈口，高圈足，形制
较多，常见的有圆形及方形。盛行于商及西周。

1. 妇好尊（图 2-73），又名妇好方尊，商代晚期。1976
年出土于河南安阳市小屯村妇好墓，今藏中国社会科学院考
古研究所。通高 43 厘米、口长 35.5 厘米、宽 33 厘米，重

> 图 2-73　妇好尊

25.15 公斤。器口略呈方形外侈，长束颈，窄折肩，敛腹平底，高圈足，圈足上端四面中部各有一个方孔，体四角及四面中部各有一条扉棱。口下饰蕉叶纹，颈饰夔龙纹，肩四隅有伏卧状鸟形，中部有圆雕龙首，肩饰夔纹，腹及圈足饰兽面纹。

2. 戈且己尊（图 2-74），又称戈祖己尊，西周早期。1976 年出土于陕西武功县大庄镇徐家湾村，今藏武功县文化馆。通高 25.2 厘米、口径 19 厘米、腹深 21.2 厘米，重 3.1 公斤。

3. 尔尊（图 2-75），西周中期。2006 年出土于山西运城市绛县横水墓地，今藏山西博物院。通高 27.5 厘米、口径 27 厘米。

> 图 2-74 戈且己尊

> 图 2-75 尔尊

壶是一种用来盛酒和盛水的容器，这里只讨论前者。盛酒的壶器形差别颇大，且持续时间从商到汉甚至更晚，变化颇为复杂。有弧形壶、长颈圆体提梁壶、细长颈圆腹壶、方壶、扁壶等。兹举几例有代表性的壶。如：

1. 妇好壶（图 2-76），商代晚期。1976 年出土于河南安阳市小屯村妇好墓，今藏中国社会科学院考古研究所。通高

> 图 2-76 妇好壶

> 图 2-77 册冎竹父丁壶

52.2 厘米、器高 41.5 厘米、口径 20.5 厘米。

2. 册夨竹父丁壶（图 2–77），又称册夨竹父丁卣、夨册竹父丁壶，西周早期。1975 年出土于陕西扶风县法门镇召李村 1 号墓，今藏扶风县博物馆。通梁高 35.3 厘米、口径 9.8 厘米、腹深 24.7 厘米，重 3.55 公斤。

3. 尚壶（图 2–78），西周中期。1955 年出土于河南泌阳县前梁河村，今藏河南博物院。通高 40.7 厘米、口径 15.7 厘米、

> 图 2-78 尚壶

> 图 2-79　佘车父壶

腹围 87 厘米，重 8.65 公斤。

4. 佘车父壶（图 2-79），西周晚期。1976 年出土于陕西临潼县零口村窖藏，今藏临潼博物馆。

5. 曾仲斿父壶（图 2-80），又称曾仲斿父方壶，春秋早期。1966 年出土于湖北京山县坪坝苏家垅，今藏湖北省博物馆。通高 66.7 厘米、底径 30.4 厘米 ×23.4 厘米、口径 13.4 厘米 ×21.5 厘米、最大腹径 26.5 厘米 ×35.6 厘米、口高 48.4 厘米，重 3.2 公斤。

> 图 2-80　曾仲斿父壶

> 图 2-81　公铸壶

6.公铸壶（图2-81），春秋中期。1977年出土于山东沂水县刘家店子村墓葬，今藏山东省文物考古研究院。通高47厘米、口径16.5厘米、圈足径23厘米。

7.蔡侯申壶(图2-82)，又称蔡侯方壶，春秋晚期。1955年出土于安徽寿县西门蔡侯墓，今藏安徽博物院。高80厘米、口径18厘米。

8.曾侯乙壶(图2-83)，战国早期。1978年出土于湖北随县擂鼓墩曾侯乙墓，今藏湖北省博物馆。壶高99厘米、盖径53厘米、禁高13.2厘米、长117.5厘米。

9.陈璋壶（图2-84），又称陈璋方壶，战国中期。今藏美国费城宾夕法尼亚

> 图2-82　蔡侯申壶

> 图 2-83　曾侯乙壶

> 图 2-84　陈璋壶

大学博物馆，陈介祺旧藏。高 37.2 厘米、宽 21 厘米。

　　10. 勝壶（图 2-85），又称勝方壶，战国晚期。1977 年出土于北京市永定门外砂子口墓葬，今藏首都博物馆。通高 40.5 厘米、口径 11.5 厘米。

> 图 2-85　勝壶

　　11. 十二年扁壶（图 2-86），战国晚期。1974—1978 年出土于河北平山县中山王響墓，今藏河北省文物研究所。高 35 厘米、长 33.8 厘米、宽 12 厘米、口径 12.8 厘米。

> 图 2-86　十二年扁壶

卣是一种中型的盛酒器。《尔雅·释器》："卣，中尊也。"郭璞注："不大不小者。"一般为椭圆形（偶有方形），大腹，敛口，圈足，有盖与提梁，盛行于商和西周。有代表性的卣可举例如下：

1. 亚盥卣（图 2-87），商代晚期。1963 年出土于河南安阳市苗圃村北地 172 号墓，今藏中国社会科学院考古研究所安阳工作站。通高 29.5 厘米。

> 图 2-87　亚盥卣

2. 亚疑卣（图 2-88），又称亚矣卣，商代晚期。出土于河南安阳市侯家庄西北岗，今藏日本神户白鹤美术馆。通高39.5厘米。

3. 鼎卣（图 2-89），西周早期。1901 年出土于陕西宝鸡市戴家湾斗鸡台遗址，今藏美国纽约大都会艺术博物馆，端方旧藏。通梁高47厘米、宽29.2厘米、口径17.3厘米×12.9厘米。

> 图 2-88　亚疑卣

> 图 2-89　鼎卣

4. 弪季卣（图 2-90），西周中期。1980 年出土于陕西宝鸡市竹园沟 4 号墓，今藏宝鸡青铜器博物院。通梁高 27.3 厘米、通盖高 23.2 厘米、口径 12.8 厘米 ×15.6 厘米、腹深 12.9 厘米、腹最大径 13.4 厘米 ×18.8 厘米，重 3.02 公斤。

> 图 2-90　弪季卣

方 彝

　　方彝是一种盛酒器。彝本为青铜礼器的通称，因这类器都是方形，盖似屋顶，宋人就以此名名之，现在仍沿用旧称。其外形特别，上有屋顶形盖，下有圈足，器体大多有四条或八条棱脊，圈足的每边中央都有或大或小的缺口。方彝盛行于商代晚期至西周早期，西周中期逐渐消失。代表形器如下：

　　1. 妇好方彝（图2-91），商代晚期。1976年出土于河南安阳市小屯村妇好墓，今藏中国社会科学院考古研究所。通高36.6厘米、口长18.9厘米、宽14.6厘米。

> 图 2-91　妇好方彝

2. 妇好偶方彝（图 2-92），也称妇好方彝，商代晚期。1976 年出土于河南安阳市小屯村妇好墓，今藏中国国家博物馆。通高 60 厘米、长 88.2 厘米。

3. 折方彝（图 2-93），西周早期。1976 年出土于陕西扶风县法门寺庄白村 1 号窖藏，今藏宝鸡周原博物院。通高 41.6 厘米、口纵 19.3 厘米、口横 24.2 厘米、腹深 19.3 厘米，重 12.8 公斤。

>图 2-92 妇好偶方彝

>图 2-93 折方彝

4. 耤方彝（图 2-94），西周中期。今藏德国柏林东亚艺术博物馆。通高 28.7 厘米、器高 15.1 厘米、宽 16.2 厘米 × 13.4 厘米。

> 图 2-94　耤方彝

罍是一种盛酒器，亦可盛水。外形或圆或方，小口，广肩，深腹，圈足，有盖有鼻。《诗经·周南·卷耳》："我姑酌彼金罍，维以不永怀。"朱熹《集传》："罍，酒器。"代表器可举例如下：

1. 妇好罍（图2-95），又称妇好方罍，商代晚期。1976年出土于河南安阳市小屯村妇好墓，今藏中国社会科学院考古研究所。通高51.4厘米、器高41.4厘米、口长15.6厘米。

2. 蒜罍（图2-96），又称繁罍，西周早期。1954年出土于陕西长安县普渡村长甶墓葬，今藏中国国家博物馆。

> 图2-95　妇好罍

> 图2-96　蒜罍

　　　3. 对罍（图2-97），西周中期。1973年出土于陕西凤翔县劝读村，今藏宝鸡市凤翔区博物馆。通高46厘米、口径23厘米、腹深38.5厘米，重18公斤。

>图2-97　对罍

4. 郳伯罍（图 2-98），又称羕伯罍，春秋早期。出土于山东枣庄市亭区东江古墓群，被盗卖到澳门，后北京中贸圣佳国际拍卖有限公司购回收藏。

5. 方仲簋罍（图 2-99），春秋晚期。2005 年 4 月出土于陕西凤翔县小沙凹村，今藏宝鸡市凤翔区博物馆。高 32.5 厘米、口径 23 厘米。

> 图 2-98 郳伯罍

> 图 2-99 方仲簋罍

> 图 2-100　邳伯罍

6. 邳伯罍（图 2-100），又称邳伯缶，战国早期。1954 年出土于山东枣庄市峄城区，今藏山东博物馆。高 28.5 厘米、口径 21.3 厘米、腹径 36 厘米。

7. 卅四年工师文罍（图 2-101），战国晚期（秦昭襄王三十四年，公元前 273 年）。出土于甘肃西和县，今藏陕西历史博物馆。高 27.5 厘米、口径 13 厘米、腹径 25.5 厘米。

> 图 2-101　卅四年工师文罍

斗是一种挹酒器。字形本作"斗"，马承源主张用"枓"，因有别于量器之斗。其实，这是没有必要的。"斗"本有二音，各记一词，音"zhǔ"时表示挹酒器，即勺；音"dǒu"时表示量器。作为挹酒器的斗的代表器可举例如下：

1.爻斗（图2-102），商代晚期。上海博物馆藏。高6.8厘米、长38厘米。

> 图2-102　爻斗

2.亚弜斗（图2-103），商代晚期。1994年出土于河南安阳市殷墟刘家庄北地。斗体直径7厘米、柄长5.5厘米。

> 图2-103　亚弜斗

3. 曾公子弃疾斗（图2-104），春秋晚期。2011年出土于湖北随州市义地岗，今藏湖北省文物考古研究院。器口径16.6厘米、腹深7.8厘米、柄长11.2厘米。

> 图2-104　曾公子弃疾斗

勺是一种挹酒器。《玉篇·勺部》："勺，饮器也。"勺是一种与斗颇为相似的舀酒器具，二者的差异在于：勺是直柄，斗为曲柄。代表器如下：

1. 又勺（图2-105），商代晚期。1934—1935年出土于河南安阳市侯家庄西北岗，今藏台北"中研院"史语所。长31厘米、宽16.1厘米，重1.4公斤，容积约1520毫升。

>图2-105 又勺

2. 曾侯乙勺（图2-106），战国早期。1978年出土于湖北随县擂鼓墩曾侯乙墓，今藏湖北省博物馆。口径16厘米、腹深7.6厘米，柄长35.2厘米、柄径2.1厘米。

>图2-106 曾侯乙勺

　　3. 秦苛蛸勺（图 2-107），战国晚期。1933 年出土于安徽寿县朱家集李三孤堆墓葬，今藏中国国家博物馆。通柄高 16.1 厘米。

> 图 2-107　秦苛蛸勺

盉

　　盉是一种调酒器，形体上的主要特征是大腹敛口，前有长流，后有鋬，有盖，下多为三足，青铜时代持续使用于商及战国晚期。代表器如下：

　　1. 中盉（图 2-108），商代晚期。1934—1935 年出土于河南安阳市侯家庄西北岗 1001 号墓，有铭文"中"字，同时还出土有铭文分别为"左""右"单字的盉两个，中、右两盉均高 71.2 厘米，左盉高 73 厘米，外形基本相同，仅器上装饰图案略异，今均藏日本东京根津美术馆。

> 图 2-108　中盉

2. 戈父戊盉（图 2-109），西周早期。1971 年出土于陕西泾阳县兴隆乡高家堡村，今藏陕西历史博物馆。通高 35 厘米、口径 13.3 厘米、流长 10 厘米、腹深 20.5 厘米，重 4.8 公斤。

> 图 2-109　戈父戊盉

3. 伯庸父盉（图 2-110），又称伯墉父盉，西周中期。1961 年出土于陕西长安县沣西张家坡窖藏，今藏陕西历史博物馆。通高 23.3 厘米、口径 17.2 厘米。

> 图 2-110　伯庸父盉

4. 它盉（图 2-111），西周晚期。1963 年出土于陕西扶

风县齐家村窖藏，今藏陕西历史博物馆。通高 37.6 厘米、口
横 10.5 厘米、口纵 8.4 厘米、流至鋬长 39.2 厘米，重 4.6 公斤。

> 图 2-111　它盉

5. 滕盉（图 2-112），
春秋早期。1985 年出土于
内蒙古宁城县小黑石沟石椁
墓，今藏赤峰博物馆。通高
21.3 厘米、腹径 18.5 厘米。

> 图 2-112　滕盉

6. 楚叔之孙途盉（图 2-113），春秋晚期。1980 年出土于江苏吴县枫桥镇何山村，今藏吴中区文物管理委员会。通高 25.2 厘米、口径 10.8 厘米，重 4.105 公斤。

7. 铸客盉（图 2-114），战国晚期。1933 年出土于安徽寿县朱家集李三孤堆墓葬，今藏北京故宫博物院。通高 21.9 厘米、宽 32.5 厘米，重 3.52 公斤。

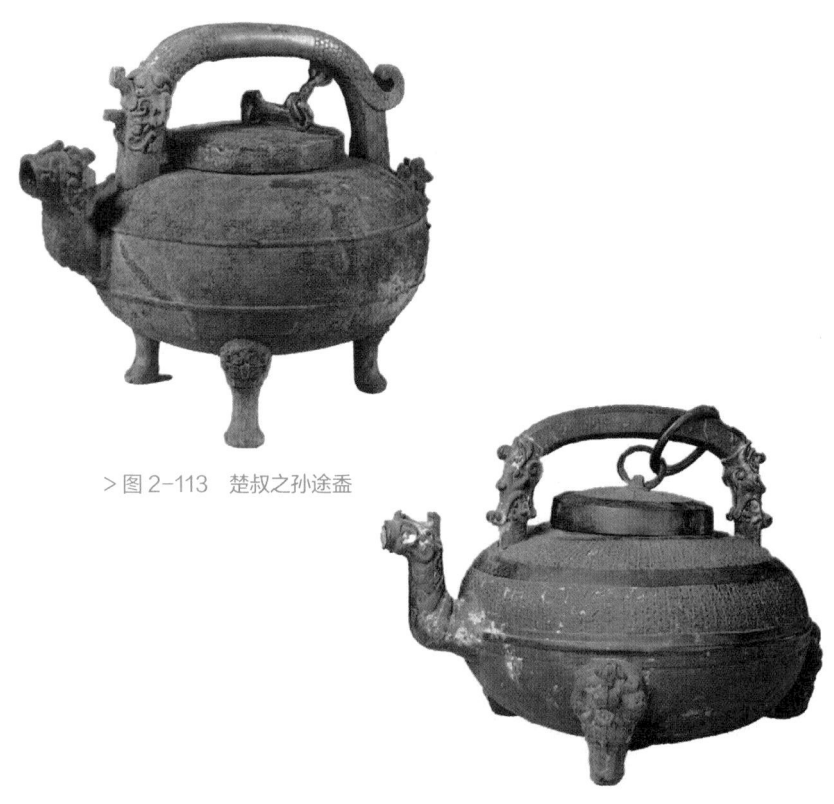

> 图 2-113　楚叔之孙途盉

> 图 2-114　铸客盉

▶ 青铜器品类之三：水器

水器是指用于盥洗、沐浴的青铜器具，包含盘、匜、鉴、壶、缶等器，这里主要举例说明前三类。《左传》"奉匜沃盥"就是用水器匜浇水洗手的礼仪。

盘是一种盛水器。敞口、扁浅形器，有圆盘，有方盘，小型盘亦可作食器。代表器如下：

1. 妇好盘（图 2-115），商代晚期。1976 年出土于河南安阳市小屯村妇好墓，今藏中国社会科学院考古研究所。通高 13 厘米、口径 36.6 厘米。

> 图 2-115　妇好盘

  2. 它盘（图 2-116），西周早期。1963 年出土于陕西扶风县齐家村窖藏，今藏陕西历史博物馆。通高 16.4 厘米、口径 39.8 厘米、腹深 6.8 厘米，重 4.194 公斤。

  > 图 2-116 它盘

  3. 史墙盘（图 2-117），西周中期。1976 年出土于陕西扶风县法门寺庄白村 1 号窖藏，今藏宝鸡周原博物院。通高 16.8 厘米、口径 47.2 厘米，重 12.5 公斤。

  > 图 2-117 史墙盘

4. 逨盘（图 2-118），西周晚期宣王时器。2003 年 1 月 19 日出土于陕西眉县马家镇杨家村，今藏宝鸡青铜器博物院。通高 20.5 厘米、口径 53.4 厘米、腹深 9.8 厘米，重 18.5 公斤。

>图 2-118　逨盘

5. 虢季子白盘（图 2-119），西周晚期。1840 年出土于陕西宝鸡虢川司，即今宝鸡市陈仓区虢镇街道，今藏中国国家博物馆。通高 39.5 厘米、口长 137.2 厘米、口宽 86.5 厘米。

>图 2-119　虢季子白盘

　　6. 樊夫人龙嬴盘（图 2–120），春秋早期。1978 年出
土于河南信阳市平桥南山嘴 1 号墓，今藏河南博物院。通高
13.3 厘米、口径 35.5 厘米。

　　7. 鲁伯者父盘（图 2–121），春秋晚期。1977 年出土于
山东曲阜县鲁国故城 202 号墓，今藏曲阜市文物局。高 17 厘米、
口径 37.8 厘米、腹深 4.7 厘米。

　　8. 曾侯乙盘（图 2–122），战国早期。1978 年出土于湖
北随县擂鼓墩曾侯乙墓，今藏湖北省博物馆。高 12.8 厘米、
口径 41.6 厘米。

　　9. 楚王熊悍盘（图 2–123），战国晚期。1933 年出土于
安徽寿县朱家集李三孤堆墓葬，今藏故宫博物院。通高 7.9 厘
米、口径 38.5 厘米，重 3.08 公斤。

> 图 2–120　樊夫人龙嬴盘

>图 2-121 鲁伯者父盘

>图 2-122 曾侯乙盘

>图 2-123 楚王熊悍盘

匜是一种注水器。外形似瓢，有流和鋬。《说文·匚部》："匜，似羹魁，柄中有道，可以注水。"《左传·僖公二十三年》："奉匜沃盥，既而挥之。"杜预注："匜，沃盥器也。"杨伯峻注："匜，音移，古人洗手洗面之具，用以盛水。古人洗盥，一人持匜，灌水于洗盥者之手以洗之，下有盘，以盛盥讫之水。"可见，匜就是盥洗时用以注水的器具，大约出现于西周中期，到战国末渐衰。典型器举例如下：

1. 中友父匜（图 2-124），西周中期。1960 年出土于陕西扶风县齐家村窖藏，今藏陕西历史博物馆。通高 15.9 厘米、通长 30.6 厘米，重 1.451 公斤，容积 1250 毫升。

> 图 2-124　中友父匜

2. 僟匜（图 2–125），又称倓匜，西周晚期。1975 年出土于陕西岐山县京当乡董家村 1 号窖藏，今藏岐山县博物馆。通高 20.3 厘米、腹宽 17.5 厘米、腹深 11.7 厘米，重 3.85 公斤。

> 图 2–125 僟匜

3. 樊夫人龙嬴匜（图 2–126），春秋早期。1978 年出土于河南信阳市平桥南山嘴 1 号墓，今藏河南博物院。通高 20厘米、长 35 厘米、宽 16.1 厘米。

> 图 2–126 樊夫人龙嬴匜

4. 蔡侯匜（图2-127），春秋晚期。1978—1979年出土于河南淅川县下寺墓，今藏河南博物院。通高13.3厘米、通长25厘米、口宽20.5厘米。

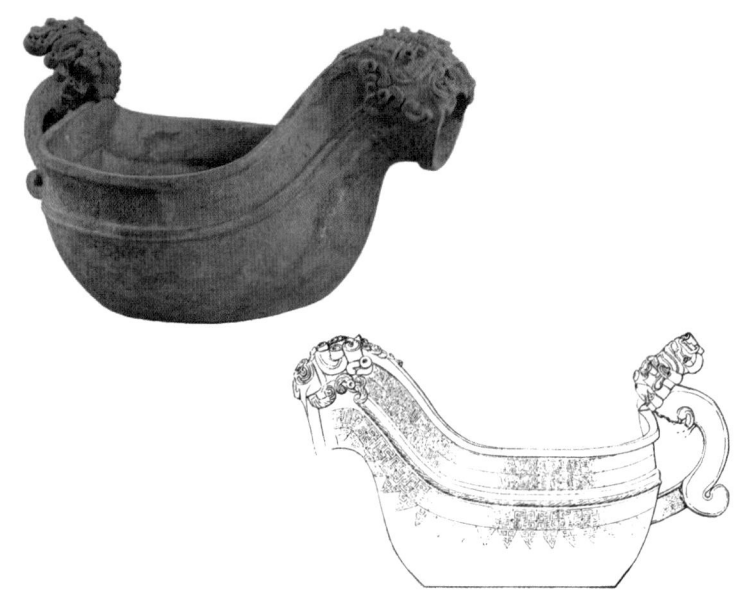

> 图2-127　蔡侯匜

5. 曾侯乙匜（图2-128），战国早期。1978年出土于湖北随县擂鼓墩曾侯乙墓，今藏湖北省博物馆。高13.4厘米、口长19.4厘米、口宽18.8厘米。

6. 铸客匜（图2-129），战国晚期。1933年出土于安徽寿县朱家集李三孤堆墓葬，今藏天津博物馆。

> 图 2-128 曾侯乙匜

> 图 2-129 铸客匜

鉴

鉴是一种盛水器。形似大盆,有耳,盛行于东周。有的盛水,大鉴用作浴盆;有的盛冰,用以冷藏食物;更多时用作镜子,照影自我怜爱。代表器举例如下:

1. 吴王夫差鉴(图 2-130),春秋晚期。1945 年出土于山西代州蒙王村,一说出土于河南辉县琉璃阁,今藏中国国家博物馆。高 44.8 厘米、口径 76.5 厘米。

> 图 2-130　吴王夫差鉴

2. 曾侯乙鉴(图 2-131),战国早期。1978 年出土于湖北随县擂鼓墩曾侯乙墓,今藏湖北省博物馆。通高 29 厘米、口径 44.6 厘米、底径 26.8 厘米。

3. 铸客鉴(图 2-132),战国晚期。1933 年出土于安徽寿县朱家集李三孤堆墓葬,今藏安徽博物院。高 36.3 厘米。

> 图 2-131　曾侯乙鉴

> 图 2-132　铸客鉴

▶青铜器品类之四：兵器

兵器是青铜器中的一大宗。青铜兵器因坚固、耐用，成
为战场上重要的杀伤性武器。兵器可分为攻击类和防御类。
攻击类又包括长兵、短兵和射兵，如戈、戟、矛、钺、刀、剑、
弓、矢等；防御类指甲、胄等。以下举例述其概要。

戈是商周时期最为典型的兵器。其形制随着时间的变化
而差别颇大，典型变化是锋援长度增加，更加尖锐，无胡变
有胡，且胡部延长。戈的各部位名称如图 2-133：

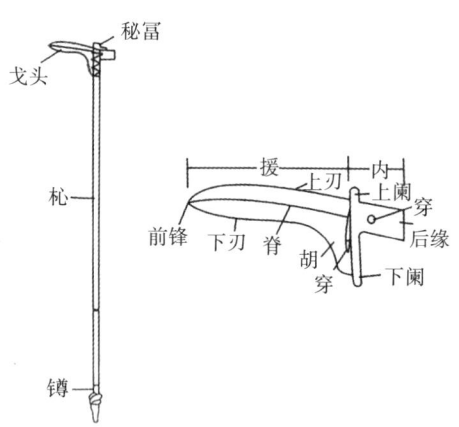

> 图 2-133 戈的部位名称图

为反映戈的形制变化情况，粗略举例如下。

1. 䍙内戈（图 2-134），商代晚期。1957 年陕西绥德供销联合社废品收购站拣选，今藏绥德县博物馆。通长 23.9 厘米、刃宽 7.3 厘米，重 0.418 公斤。

>图 2-134　䍙内戈

2. 嬒之造戈（图 2-135），西周中期。1993 年春出土于河南洛宁县大原墓葬，今藏中国人民革命军事博物馆。通长 18.6 厘米、通宽 11.1 厘米、内长 7.5 厘米、援长 11.1 厘米、宽 3.1 厘米。

>图 2-135　嬒之造戈

3. 高子戈（图 2-136），春秋早期。1970 年出土于山东淄博敬仲公社白兔丘村，今藏齐文化博物馆。通长 25 厘米、内长 6.5 厘米、宽 2.7 厘米。

4. 郢戈（图 2-137），春秋晚期。1975 年出土于湖北江陵雨台山 133 号墓，今藏荆州博物馆。戈长 21 厘米、援长 7.5 厘米、胡长 11.5 厘米。

> 图 2-136　高子戈

> 图 2-137　郢戈

5. 曾侯郕戈（图 2-138），战国早期。1978 年出土于湖北随县擂鼓墩曾侯乙墓，今藏湖北省博物馆。

6. 二十三年郚令垠戈（图 2-139），又称二十三年郚令戈，战国晚期。今藏中国国家博物馆。长 24 厘米、胡长 11 厘米。

> 图 2-138 曾侯郕戈

> 图 2-139 二十三年郚令垠戈

戟

戟是一种将戈、矛合为一体的兵器。略似戈，兼有戈之横击、矛之直刺的双重作用，杀伤力比戈、矛更强。以下列举几例有代表性的戟：

1. 侯戟（图2-140），西周早期。出土于河南浚县，容庚旧藏，今藏台北故宫博物院。通高26.8厘米、全长18.5厘米，重0.13公斤。

> 图2-140　侯戟

2. 钟离公柏戟（图 2-141），春秋中晚期。2006—2008 年出土于安徽蚌埠市淮上区小蚌埠镇双墩村。戈通长 29.4 厘米、援长 21 厘米、胡长 6 厘米、内长 8.2 厘米，矛通长 12 厘米。

> 图 2-141　钟离公柏戟

> 图 2-142　十六年宁寿令余庆戟

3. 十六年宁寿令余庆戟（图 2-142），战国晚期。1986 年出土于山西高平县永录乡，今藏山西省高平市博物馆。援长 17.5 厘米、胡长 9.5 厘米、阑高 14 厘米、内长 11 厘米。

装在长柄上用于刺杀的兵器，殷周时矛头用青铜制成，至汉代盛行铁矛。代表性矛举例如下：

1. 矛（图2-143），商代晚期。1985年出土于山西灵石县旌介村2号墓，今藏山西省考古研究院。通长25.1厘米、叶最宽6.8厘米、双系最宽6.6厘米、銎口长径3.8厘米、銎口短径3.3厘米，重0.461公斤。

>图2-143 矛

2. 日矛（图 2-144），西周时器。出土信息不明，今藏旅
顺博物馆。

3. 吴王夫差矛（图 2-145），春秋晚期。1983 年出土于
湖北江陵县马山 5 号墓，今藏湖北省博物馆。长 29.5 厘米、
宽 3 厘米。

> 图 2-144　日矛

> 图 2-145　吴王夫差矛

4.楚王孙渔矛（图 2-146），战国中期。2000 年出土于湖北荆门市左冢楚墓。长 27.3 厘米。

5.寺工矛（图 2-147），战国晚期。1979—1981 年，出土于陕西临潼县秦始皇陵兵马俑坑，今藏秦始皇兵马俑博物馆。通长 17.5 厘米、銎内径 2.1 厘米 ×2.6 厘米、壁厚 0.1—0.2 厘米。

6.元矛（图 2-148），春秋早期。1956—1957 年出土于河南三门峡市上村岭虢国墓地 1711 号墓，今藏中国国家博物馆。

>图 2-146 楚王孙渔矛

>图 2-147 寺工矛

>图 2-148 元矛

钺

钺是一种圆刃、形似斧、较斧大的青铜兵器，盛行于殷周之时。代表性器如下：

1. 飧钺（图2-149），商代晚期。1965年出土于陕西绥德县义合乡墕村窖藏，今藏陕西历史博物馆。长16.1厘米、刃宽8.8厘米。

> 图2-149 飧钺

2. 妇好钺（图 2-150），商代晚期。1976 年出土于河南安阳市小屯村妇好墓，今中国社会科学院考古研究所借陈中国国家博物馆。通长 39.5 厘米、刃宽 37.3 厘米。

3. 曾伯陭钺（图 2-151），西周晚期至春秋早期。2002 年 11 月至 2003 年 4 月，出土于湖北枣阳市郭家庙曾国墓地，今藏襄阳市博物馆。通长 19.3 厘米、刃宽 14.8 厘米，重 0.68 公斤。

> 图 2-150　妇好钺

> 图 2-151　曾伯陭钺

4.中山侯钺（图2-152），战国晚期。1977年出土于河北平山县中山王墓，今藏河北省文物考古研究院。长29.4厘米、宽25.5厘米。

> 图2-152　中山侯钺

刀

常见兵器。可举例如下：

1. 己刀（图 2-153），商代晚期。1983 年出土于山东寿光县益都侯城故址，今藏寿光市博物馆。柄长 11.2 厘米、柄宽 2 厘米、刀片长 19.6 厘米、刀片宽 4.4 厘米。

> 图 2-153　己刀

2. 亚疑刀（图 2-154），商代晚期。出土信息不详，今藏上海博物馆。长 30.5 厘米。

> 图 2-154　亚疑刀

3. 康侯刀（图 2-155），西周早期。出土信息不详，黄濬旧藏，今藏美国华盛顿弗利尔美术馆。

4. 左使车工府刀（图2-156），又称左使车工刀，战国晚期。1977年出土于河北平山县中山王墓，今藏河北省文物考古研究院。长32.4厘米、宽3.2厘米，重0.2公斤。

> 图2-155　康侯刀　　　　> 图2-156　左使车工府刀

剑

剑是一种两面有刃，中间有脊，短柄的兵器。剑与刀一样均属于短兵器，大约产生于西周早期，盛行于东周。

1. 丰伯剑（图2-157），西周早期。1964年出土于河南洛阳市北窑村庞家沟215号墓，今藏洛阳博物馆。通长21.2厘米。

> 图2-157　丰伯剑

2. 越王勾践之子剑（图 2-158），春秋晚期。出土于安徽
寿县，曾为陈仁涛、黄濬旧藏，今不详。

>图 2-158　越王勾践之子剑

3. 繁阳之金剑（图 2-159），战国时期。1974 年出土于
河南洛阳市西工区凯旋路北，今藏洛阳市文物考古研究院。
长 45 厘米、宽 3.9 厘米。

>图 2-159　繁阳之金剑

4. 蔡侯产剑（图 2-160），战国早期。1958—1959 年出
土于安徽淮南市蔡家岗赵家孤堆 2 号墓，今藏安徽博物院。
通长 52.2 厘米。

>图 2-160　蔡侯产剑

弩机是一种装置在弩的木臂后部的机械，用于发射控制。整个弩机的装置包含有钩弦的"牙"，牙外的"郭"，郭上的瞄准器"望山"，郭下的扳机"悬刀"。扳动悬刀，牙向下缩，所钩的弦弹出，箭就被发射出去。其结构可图示如下（图2-161）：

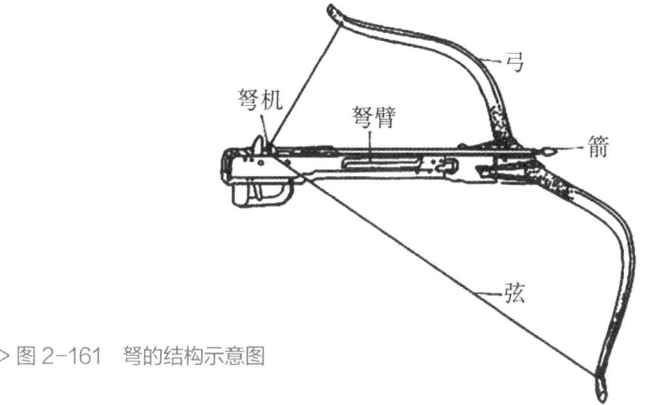

> 图2-161　弩的结构示意图

弩机产生于战国，盛行于汉、晋。战国时期的弩机偶有出土，如：

1.高陵君弩机（图2-162），战国晚期（秦昭襄王十九年，公元前288年）。出土于甘肃天水市，洛阳理工学院博物馆征集。

2.漆垣弩机（图2-163），战国晚期。澳门珍秦斋藏。望山长8.2厘米、弩牙4.35厘米、牛6.1厘米、悬10.2厘米。

124

> 图 2-162　高陵君弩机

> 图 2-163　漆垣弩机

3.绥德414号弩机（图 2-164），汉代。1983年由绥德县二级站库房废品库拣选，今藏陕西绥德县博物馆。通长11.4厘米、郭宽2.7厘米，重0.688公斤。梯形铜郭，长方形望山，双牙，长方形悬刀，两枢轴，底部有机塞。

> 图 2-164　绥德414号弩机

矢镞即箭头。现在所见最早为商代晚期镞，数量最多的是战国镞。如：

1. 矢镞（图 2-165），商代晚期。1965 年出土于陕西绥德县义合镇塌头村，今藏陕西历史博物馆。残长 4.5 厘米，残重 0.005 公斤。

2. 矢镞（图 2-166），东周时期。1957 年由陕西绥德供销联合社废品收购站拣选，今藏于绥德县博物馆。通长 3.9 厘米，重 0.02 公斤。四棱，又称鸣镝。锋尖为四棱锥形，内空，各面有圆形镂孔，圆銎。

3. 右眚工镞（图 2-167），战国时期。出土时间地点不详，今藏陕西榆林市榆阳区文管所。通长 4.1 厘米，重 0.012 公斤。三翼，窄翼粗脊，有铤。脊上铸铭三字：右眚（得）工。

> 图 2-165 陕历博藏矢镞

> 图 2-166 绥德县博藏矢镞

> 图 2-167 右眚工镞

▶**青铜器品类之五：乐器**

礼乐制度是中国传统文化的重要组成部分，青铜乐器的使用在贵族生活中极为普遍。以下举五种最有代表性的乐器。

铙是一种打击乐器，既可与其他乐器配合演奏，用于祭祀和宴乐，也可用于军旅行动中的止鼓退兵。铙，又称"钲"或"执钟"，形体似铃而稍大，口部呈凹弧形，两侧角尖锐，底部置有一中空圆管状短柄，与体腔内通。典型器形如：

1. 中铙（图2-168），商代晚期。出土于河南安阳市殷墟西区699号墓，今藏中国社会科学考古研究所安阳工作站。本套有铭"中"之铙共三只，大者通高21厘米、最大口径15

> 图2-168 中铙

厘米；中者通高 18 厘米、最大口径 12.3 厘米；小者通高 14.3
厘米、最大口径 10 厘米。

2. 方框素面纹铙（图 2-169），西周早期。1993 年出土
于河南洛阳林校车马坑。一套三只，形制相同，口部微凹，
横截面呈阔叶状，两侧自上而下斜收，角微尖，每侧倾斜约
13 度。大者高 21 厘米、柄径 4 厘米，重 3.18 公斤；中者高
19.8 厘米、柄径 3.5 厘米，重 2.485 公斤；小者高 17.5 厘米、
柄径 3.1 厘米，重 1.95 公斤。

> 图 2-169　方框素面纹铙

3. 十四年铙（图 2-170），战国晚期。1977 年出土于河

> 图 2-170　十四年铙

128　北平山县中山王墓 2 号车马坑，今藏河北省文物考古研究院。
本套有铙四只。

钟

　　钟是在铙的基础上发展起来的，悬挂于架上，以槌叩击
发声的乐器。西周中期始有若干成组的称"编钟"，大而单
一的称"特钟"。钟的各部位名称是：上端用于悬挂的柄形
称为"甬"，甬的顶端称为"衡"，甬上突出的圆环部分称
为"旋"，旋上用以悬挂钟钩的孔称为"干"。下端共鸣箱
的平顶称为"舞"，共鸣箱正中的阔条称为"钲"，钲两旁的乳钉称为"枚"，乳钉上下间隔部分称为"篆"，枚与篆占了共鸣箱的上部，其下部称为"鼓"，鼓的中央称为"隧"，鼓下成弧形的曲边称为"于"，于两端尖锐的部分称为"铣"。斜挂有柄的钟称为"甬钟"，直悬无柄有钮的钟为"钮钟"。

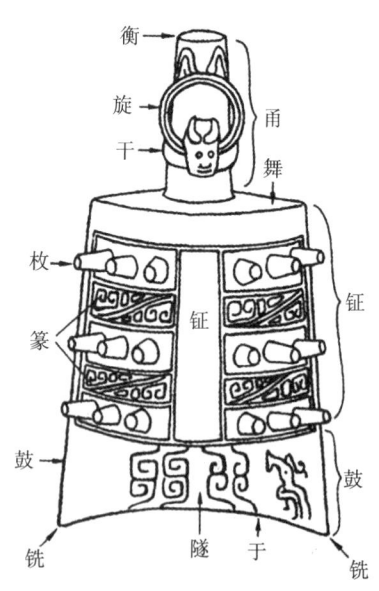

> 图 2-171　钟的部位图

典型的钟可举例如下：

1.逆钟（图2-172），西周中期。1975年出土于陕西永寿县西南店头公社好畤河，今藏天津博物馆。一套4件，形制相同，大小有别。1号钟通高59厘米、甬长20厘米，重28公斤。2号钟通高55.5厘米、甬长18厘米，重26公斤。3号通高53.5厘米、甬长18厘米，重26.5公斤。4号钟通高50.5厘米、甬长17厘米，重25.5公斤。

2.中义钟（图2-173），西周晚期。1960年出土于陕西

> 图2-172　逆钟

> 图2-173　中义钟

扶风县齐家村窖藏，今藏陕西历史博物馆。一套8件，形制基本相同，大小有异。

3.秦公钟（图2-174），春秋早期。1978年出土于陕西宝鸡县杨家沟太公庙村，今藏宝鸡青铜器博物院。现存一套五件，形制相同，大小有别。卢连成、杨满仓指出，从铭文来看，尚缺一钟。最大一件通高48厘米、甬高17厘米，重24公斤。

> 图2-174 秦公钟

4.王孙诰钟（图2-175），春秋晚期。1978年，出土于河南淅川县下寺墓，今藏河南博物院。一套26件，形制相同，大小有别。最大一件通高120.4厘米、铣间59.75厘米，重152.8公斤；最小一件通高23.35厘米、铣间12.25厘米，重2.8公斤。

> 图2-175 王孙诰钟

5. 曾侯乙钟（图2-176），战国早期。1978年出土于湖北随县擂鼓墩曾侯乙墓，今藏湖北省博物馆。此套编钟是我国迄今发现数量最多、保存最好的一套，全套共65件，依大小和音高次序，编成8组悬挂在3层钟架上，形成合律合奏的间阶。钟架为铜木结构，呈曲尺形，架长748厘米、宽335厘米、高273厘米。

> 图 2-176　曾侯乙钟

镈

> 图 2-177　克镈

镈也是一种打击乐器。似钟略大，平口。盛行于东周，祭祀与宴飨时与编钟、编磬等乐器相和演奏。代表性器如下：

1. 克镈（图 2-177），西周晚期。1890 年出土于陕西扶风县法门寺任家村，张燕谋旧藏，今藏天津博物馆。通高 63 厘米、口宽 34.7 厘米。

2.秦公镈（图2-178），春秋早期。1978年出土于陕西宝鸡县杨家沟太公庙村，今藏宝鸡青铜器博物院。同出3件，最大的一件通高75.5厘米、舞横30.6厘米、舞纵26.5厘米、铣间40.5厘米，重62.5公斤。

> 图2-178　秦公镈

134

>图 2-179　司马懋镈

3. 司马懋镈（图 2-179），又称滕皇镈，春秋晚期。1982 年出土于山东滕州市姜屯镇里西村，今藏滕州市博物馆。通高 35.5 厘米、钮长 8.8 厘米。

4. 莒公孙潮子镈（图 2-180），战国晚期。1970 年出土于山东诸城县臧家庄墓葬，今藏诸城市博物馆。同出 7 件，形制、纹饰同，仅大小有别。最大一件通高 50.5 厘米、鼓间 30.1 厘米。

>图 2-180　莒公孙潮子镈

铎

铎是撞击乐器，属大铃之一种，形如钲而有舌，于宣布政教法令或遇战事时用之。出土所见铎很少，如下仅举一例：

□外卒铎，战国早期。出土信息不详，容庚旧藏，今藏故宫博物院。通高 11 厘米、宽 9 厘米，重 0.46 公斤。

> 图 2-181　□外卒铎

錞于

錞于是一种打击乐器。形如筒，上圆下虚，顶有钮可悬挂，多与鼓配合，可用于战争中指挥进退，亦用于祭祀和宴飨。盛行于东周至汉代。代表性器如下：

1. 虎钮錞于（图2-182），春秋晚期。1984年出土于江苏丹徒北山顶，今藏南京博物院。同出一套3件，大小相次。整体呈椭圆筒形，虎形钮。

2. 龙钮錞于（图2-183），战国晚期。1978年出土于陕西咸阳市东郊塔儿坡，今藏咸阳博物院。通高71厘米、底径41.5厘米、腹径37厘米。顶端有盘，立一张口、曲颈反转的飞龙。

> 图2-182 虎钮錞于

> 图2-183 龙钮錞于

▶ 青铜器品类之六：杂器

除上述用于祭祀、礼乐、宴飨、军事各器外，还有许多日常生活用具，如车马器、度量衡、货币、工具、建筑构件等。

镜

镜作为常见的生活用具，从出土实物来看，早在 4000 多年前的齐家文化时代就进入了中国人的生活。中国目前所见最早的青铜镜有两面：一面 1975 年发现于甘肃广河齐家坪，镜作圆形素面；一面 1976 年发现于青海贵南，镜作圆体，饰七角星纹。殷墟遗址也有铜镜出土，1976 年妇好墓发现四面铜镜，镜作几何形纹。西周铜镜出土数量多于前代，地域也较广。如河南卫辉市辛村 42 号墓出土一面鼻钮铜镜，陕西宝鸡市区西周墓出土一面橄榄钮镜，陕西凤翔新庄河大队西周墓出土一面素镜，陕西淳化史家塬西周墓出土一件弓形钮镜，北京昌平白浮西周木椁墓出土铜镜二面。另西周晚期至春秋早期的铜镜则见于河南上村岭虢国墓地。战国以降，铜镜愈加盛行，制作也精巧美观，背面饰有几何形纹、动物纹、山字纹、花叶纹、连弧纹、卷云纹等。到汉代，铜镜逐渐变得厚重，背面多铸吉祥语，当时还产生了能在日光中反射背面纹饰和铭文亮影的"透光镜"。到隋唐，制镜工艺更加精巧，新出现有葵花镜、菱花镜，纹饰多有人物故事、狩猎骑射、海兽葡萄、十二生肖、宝相花等。宋代仍流行菱花镜，纹饰以缠枝、花草、牡丹等为主。铜镜使用直至清末。以下略举几例：

1. 齐家文化青铜镜（图 2-184），传甘肃出土，今藏中国国家博物馆。直径 14.6 厘米、边厚 0.15 厘米、钮高 0.5 厘米。镜面中央微凸，桥形钮，镜背以钮为中心饰三道凸弦纹与两周锯齿纹。

> 图 2-184 齐家文化青铜镜

2. 鸟兽纹铜镜（图 2-185），西周末至春秋初。1957 年出土于河南三门峡上村岭虢国墓地，今藏中国国家博物馆。直径 6.7 厘米、边厚 0.35 厘米。

>图 2-185 鸟兽纹铜镜

>图 2-186 三龙十六连弧铜镜

3. 三龙十六连弧铜镜（图 2-186），战国。出土信息不详，今藏中国国家博物馆。直径 14 厘米、边高 2 厘米。镜三弦钮，八出葵花形钮座，座外环饰三龙，以菱形云雷纹为地，镜缘饰十六内向连弧纹。

140

> 图 2-187　车马神人铜镜

> 图 2-188　四叶八凤佛兽铜镜

> 图 2-189　羽人花鸟纹金银平
> 脱铜镜

4. 车马神人铜镜（图 2-187），东汉。传浙江绍兴出土，今藏中国国家博物馆。直径 20 厘米、边高 0.9 厘米。镜圆钮，连珠纹钮座。四乳钉将镜面纹饰分为四区，分别为东王公跌坐，西王母赏乐，四马驾车、狩猎图。

5. 四叶八凤佛兽铜镜（图 2-188），西晋。1975 年湖北鄂州市出土，今藏中国国家博物馆。直径 16.4 厘米、边高 0.4 厘米。背面主要纹饰为四叶柿蒂纹，叶间有 4 对凤鸟，叶内各有个佛像。

6. 羽人花鸟纹金银平脱铜镜（图 2-189），唐代。传河南郑州市出土，今藏中国国家博物馆。直径 36.2 厘米。该镜使用金银平脱技术，将金银饰片用胶漆贴在镜背，其上再髹漆数重，晾干后细加研磨，使金银片组成各种纹饰，与漆面平齐，整个铜镜的纹饰银光闪闪，金光熠熠。

7. 海船纹青铜镜（图 2-190），宋代。出土信息不详，今藏中国国家博物馆。直径 17.3 厘米、边高 0.6 厘米。此镜为八出菱花形。镜背图案以海波纹为底，起伏的波涛中有一条桅杆高耸的海船正在行驶，船头船尾以及船舱中的人物清晰可见。镜钮上方铸有篆书铭文"煌吥昌天"四字。

8. 至元四年双龙纹铜镜（图 2-191），元代。出土信息不详，今藏中国国家博物馆。直径 25 厘米、边高 0.6 厘米。镜圆钮，长形钮座内有"至元四年"铭文，钮座上下饰两条穿行于云朵、花叶间的四爪龙，龙身弯曲起伏，龙口大张，作吞火球状，形象生动威猛。

> 图 2-190　海船纹青铜镜

> 图 2-191　至元四年双龙纹铜镜

带 钩

带钩即束腰皮带上的挂钩。马承源等认为，带钩于春秋战国之际由北方草原传入中原，沿用至汉代。也有学者认为带钩起源于西周末期的黄河流域。带钩多呈"S"形，纹饰有蟠螭纹、鸟纹、兽纹、龙纹、卷云纹、几何纹、连勾雷纹、涡纹等，一般由钩、颈、体、钮四部分构成。如：

1. 鎏金铜带钩（图2-192），战国。1966年出土于湖北江陵望山3号墓，今藏于湖北省博物馆。长14.5厘米、头宽1.1厘米、尾宽2.6厘米。

> 图2-192　鎏金铜带钩

2. 骑士青铜带钩（图2-193），西汉。1956年出土于内蒙古集宁市二兰虎沟，今藏中国国家博物馆。长5.2厘米、宽3厘米。汉代匈奴的带钩制作技术很发达，而且形式多样，其形制和装饰图像往往反映出草原上游牧生活和习俗的特点。

3. 虎形铜带钩（图2-194），西汉。出土于湖北秭归，今藏中国国家博物馆。长13.3厘米、宽5.5厘米。

> 图 2-193　骑士青铜带钩

> 图 2-194　虎形铜带钩

燎炉是古人燎炭取暖的器具，即今之火盆。如：

1. 徐令尹诸稽甾炉盘（图 2-195），又称徐令尹诸稽甾卢、
郐令尹者旨甾卢，春秋晚期。1979 年出土于江西靖安县水口
公社李家村兴山南坡窖藏，今藏江西省博物馆。高 19 厘米、
口径 55 厘米。

> 图 2-195　徐令尹诸稽卪炉盘

第二编 琳琅满目：青铜器品类之盛

145

2. 王子婴次炉（图 2-196），春秋晚期。出土于河南新郑，今藏中国国家博物馆。高 12.2 厘米、口长 45.4 厘米、口宽 35.6 厘米。

> 图 2-196　王子婴次炉

3. 战国铜炉（图 2-197），战国中晚期。2002 年出土于湖北襄樊九连墩二号墓。通高 19 厘米、长 68.6 厘米、宽 51厘米。

> 图 2-197　战国铜炉

熏炉即用作焚香的小炉。如：

1. 错金博山炉（图 2-198），西汉。1968 年出土于河北满城陵山中山靖王刘胜墓，今藏河北博物院。通高 26 厘米。炉身似豆形，通体用金丝和金片错出舒展的云气纹。炉盘上部和炉盖铸出高低起伏的山峦。炉盖上因山势镂孔，雕塑出生动的山间景色。山间神兽出没，虎豹奔走，轻捷的小猴或蹲踞在峦峰高处，或骑坐在兽背上嬉戏玩耍，猎人手持弓箭巡猎山间。座把透雕成三龙出水状，以龙头擎托炉盘。

> 图 2-198　错金博山炉

2. 朱雀铜熏炉（图 2-199），汉代。出土信息不详，今藏郑州博物馆。通高 20.5 厘米。熏炉由圆鼎形炉身与托盘配套组成，炉盖为镂空半球形，顶端立一朱雀形钮，其下环饰三雀，各雀间分饰以折颈花卉。盖下炉身似钵形鼎，深腹，圆底，下承三蹄形足。盖、炉间有榫卯，盖可开启，便于投料。炉口沿处环饰三朵花卉，与盖上三花皆为五瓣状，有圆蒂。托盘侈口，折沿，浅腹，平底，亦有三蹄足。盖钮朱雀扬冠翘尾，展翅远眺，似正引颈而鸣；其下小雀环而视之，似唱而和之。

> 图 2-199　朱雀铜熏炉

　　3. 人乘龙座铜熏炉（图 2-200），西汉。出土信息不详，今藏陕西历史博物馆。桃形深腹炉体，盖为透空流云纹，底座为一仙人形象，蹲跨在一条昂首的飞龙背上，左手扶龙头，右手托举着炉体。近来，南昌海昏侯墓也出了一件近似的熏炉。

∨图2—200 人乘龙座铜熏炉

箕

箕是用于扬除糠麸或清除垃圾的器具。如：

1. 妇好箕（图 2-201），商代晚期。1976 年出土于河南安阳小屯村妇好墓，今藏中国社会科学院考古研究所，长36.5 厘米。

> 图 2-201 妇好箕

2. 曾侯乙箕（图 2-202），战国早期。1978 年出土于湖北随县擂鼓墩曾侯乙墓，今藏湖北省博物馆。通长 38.6 厘米、口沿宽 14.7 厘米。

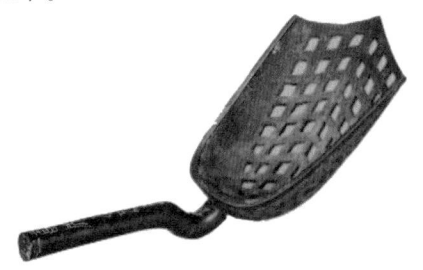

> 图 2-202 曾侯乙箕

3.战国箕(图2-203)。1986年出土于湖北荆门包山2号墓，今藏湖北省博物馆。高10厘米、通长29厘米、口宽28.5厘米。

> 图2-203 战国箕

熨斗即熨烫衣服的用具。如：

1.尺柄鱼钱纹铜熨斗（图2-204），汉新莽时期。1958年史树青先生捐赠，今藏中国国家博物馆。通长36.4厘米、柄长21.5厘米、斗口径14.9厘米。斗身圆形，宽口沿外折，弧壁，圆底。器内底饰钱鱼鸟纹。斗柄断面呈半圆形。

2.青铜熨斗（图2-205），东汉。2011年出土于福建宁德周宁县泗桥乡。

> 图2-204 尺柄鱼钱纹铜熨斗

> 图2-205 青铜熨斗

鐎斗又称刁斗，汉晋时期的一种行军炊器。体呈盆形，下有三足。如：

龙柄鐎斗（图2-206），汉代。出土信息不详，今藏中国国家博物馆。高9.7厘米、长21.7厘米、口径12厘米。圆口，沿外折，浅腹，腹外壁饰凸弦纹三道。平底，外底中部有一凸棱，周边凸弦纹一周。器壁一侧伸出一龙形柄，龙头有独角，张口露齿，上吻较长上翘，下吻稍短。

> 图2-206　龙柄鐎斗

灯即一种照明用具。

1. 币灯（图2-207），商代晚期。出土信息不详，陕西省文物总店于2005年12月收购。通高32厘米、口径22厘米。

152

> 图 2-207　币灯

2. 跽坐人漆绘铜灯（图 2-208），战国。1974 年出土于河南三门峡上村岭，今藏河南博物院。通高 48.9 厘米、灯盘径 23.7 厘米。此灯由跽坐人、灯架和灯盘三部分分铸铆接而成。跽坐人偏髻，束冠，身着长袍，腰系宽带，以带钩扣合，两臂平伸，手握丫形灯架，架上托环形灯盘，盘内设烛座三个，整体髹漆尽脱。

3. 彩绘雁鱼青铜釭灯（图 2-209），西汉。1985 年出土于山

> 图 2-208　跽坐人漆绘铜灯

> 图 2-209　彩绘雁鱼青铜釭灯

西朔县照十八庄，今藏中国国家博物馆。汉代青铜灯具形式多样，铸造工艺精巧实用，造型多取祥瑞题材，如雁足灯、朱雀灯、牛灯、羊灯等。这件彩绘雁鱼青铜釭灯采用传统的禽鸟衔鱼的艺术造型。此灯整体作鸿雁回首衔鱼伫立状，由雁衔鱼、雁体、灯盘和灯罩四部分分铸组合而成。雁颈修长，回首衔一鱼。雁体肥硕，其身两侧铸出羽翼，短尾上翘，双足并立。灯盘带柄，位于雁背。灯罩为两片弧形板。灯盘、灯罩可转动开合以调整挡风和光照，鱼身、雁颈和雁体中空相通，可纳烟尘，各部分可拆卸以便清洗，构思设计精巧合理，达到了功能与形式的完美统一，是一件难得的艺术珍品。

妆奁器即用作化妆打扮的器具。如：

朱雀衔环杯（图 2–210），西汉。1968 年出土于河北满城陵山中山靖王刘胜妻窦绾墓，今藏河北博物院。通高 11.2 厘米、宽 9.5 厘米。朱雀衔环蠹立于两高足杯之间的兽背上，通体错金。朱雀展翅翘尾，神采飞扬，喙部衔一能自由转动的白玉环。

> 图 2–210　朱雀衔环杯

兽匍匐，四足分踏在两高足杯底座上。朱雀的颈、腹与两杯的表面嵌有圆形和心形绿松石十三颗，色彩斑斓。出土时两杯内尚存朱红色痕迹，推测为化妆品。

铜枕

云南滇国特有的器具，铜制枕头。如：

五牛铜枕（图 2-211），西汉。1972 年出土于云南江川县李家山，今藏中国国家博物馆。长 70 厘米、宽 13 厘米、高 36.4 厘米。器形似马鞍，左右两端上翘，各铸一圆雕立牛，体态雄健，肌肉饱满，犄角挺立。枕面平滑，在铜枕一侧浮雕立牛三头，间隙处饰有蛇纹及姿态各异的虎纹。在此次古墓群发掘中共出土铜枕 6 件，均位于骨架头部，有的枕上尚留有头骨残片。

> 图 2-211 五牛铜枕

贮贝器即用作贮存钱币的器具，多见于汉代。如：

贡纳场面铜贮贝器（图 2-212），西汉。1955—1960 年出土于云南晋宁石寨山，今藏中国国家博物馆，残高 40 厘米。此器原由重叠的两鼓组成，出土时上鼓已残，下鼓鼓口铸有立体人物、牛马等，胴、腰间铸 4 环耳，器身下部铸 4 卧牛。根据发式、装束及行进之状，口沿所铸雕像大致可以分为 7 组，每组多则 4 人，少则 2 人，其为首者均盛装佩剑，后随者或牵牛引马，或负物，生动展示了臣服的诸族来向滇王纳贡的场面。

> 图 2-212　贡纳场面铜贮贝器

##

　　用作一般等价物的青铜器货币大约产生于西周，春秋时期已大量铸造。春秋战国的青铜铸币，主要有布币、刀币、圆钱和蚁鼻钱。布币仿照青铜农具铲的形状铸成，式样与实用的铜铲近似，但比实用铲薄，上部的銎称空首，故又名空首布。战国时期布币銎部扁平成一体，可据形式的不同称方足布、尖足布、圆足布等。一般还铸有地名和货币标值，如"晋阳一釿""安阳两釿"等，或只有地名，如"晋阳"。布币主要流通于三晋和齐、楚。刀币是仿刀铸造而成，基本见于战国时期。大刀币是齐国的货币，常铸有国名或邑名，如"齐夻化""节墨之夻化""安阳之夻化"。小刀是燕国货币，均铸有"明"字，故又称明刀。圆钱的形体可能源于圆形玉璧，中有圆孔或方孔，一面铸地名或币值，大概产生于战国时期的秦国，三晋也有铸造，战国末期齐国、燕国也相继铸造。秦始皇统一中国后便以圆形方孔的半两钱作为法定货币。这种圆形方孔钱造型设计合理，便携便用，一直使用到清末。蚁鼻钱，又因外形俗称鬼脸钱，仿自商代以来穿孔的海贝，故又称贝币。以下分别列举布币、刀币、圆钱和蚁鼻钱。

1. "东周"平肩空首布（图2-213），东周，今藏中国钱币博物馆。长6.5厘米、宽3.5厘米，重18.8克。

> 图2-213　"东周"平肩空首布

2. "晋阳"耸肩尖足布（图2-214），春秋，今藏中国钱币博物馆。长7.9厘米、宽3.62厘米，重11.5克。

> 图2-214　"晋阳"耸肩尖足布

3. 三孔布（图2-215），战国。今藏中国钱币博物馆。长5.1厘米、宽2.48厘米，重8.2克。

>图2-215　三孔布

4. "安阳之大刀"币（图2-216），东周，今藏中国钱币博物馆。长18.5厘米，重48.6克。

5. "珠重一两十四"圆钱（图2-217），战国，今藏中国钱币博物馆。直径3.97厘米，重15.7克。

>图2-216　"安阳之大刀"币　　>图2-217　"珠重一两十四"圆钱

6. 上林三官五铢钱（图2-218），西汉。今藏上海博物馆。

> 图2-218　上林三官五铢钱

7. 蚁鼻钱（图2-219），又称鬼脸钱，战国。潍坊地区西南部出土，私人收藏。长1.92厘米、宽1.05厘米、厚0.255厘米，重2.2克。

> 图2-219　蚁鼻钱

度量衡器

　　商和西周已有度量衡器出土，目前发现有三支商尺，其中一支为骨质，另两支为牙质。骨尺据传出土于河南安阳殷墟，现藏台北故宫博物院。两支牙尺早年由上博征集，亦传为安阳殷墟出土。1959 年，湖南宁乡黄材先秦遗址出土一件铜罍，内藏 224 个青铜斧，大小一致，轻重相似，全部都还没有使用过的。这批铜斧表明"斤"这个重量单位是由斧（斤）的实物转化而来。随着社会的发展，一些形体较小的青铜斧（斤）就逐渐转化为专门衡量其他物体重量的标准。到战国末期，各国发展出自己的度量衡标准。秦统一六国时田畴异亩，车途异轨，文字异形，始皇下令统一了度量衡。以下试举几例有代表性的度量衡器。

　　1. 牙尺（图 2-220），商代。

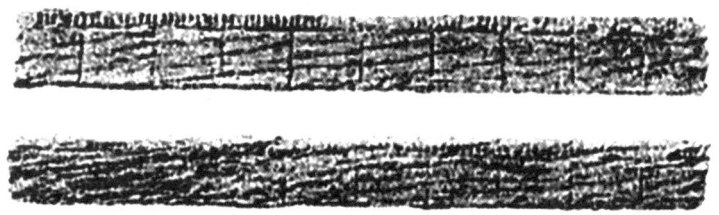

> 图 2-220　商代牙尺

2. 青铜尺（图 2-221），北魏。1952 年罗福颐先生捐赠 161
给中国国家博物馆。长 30.9 厘米。

> 图 2-221　北魏青铜尺

3. 王量（图 2-222），战国。1957 年出土于安徽淮南市，
今藏淮南市博物馆。

4. 右里㪷量（图 2-223），战国。出土于山东淄博，陈介
祺旧藏，今藏中国国家博物馆。

> 图 2-222　战国王量

> 图 2-223　战国右里㪷量

　　5. 王字青铜衡（图 2-224），战国楚。传安徽寿县出土，今藏中国国家博物馆。一件长 23.1 厘米、宽 1 厘米、厚 0.35 厘米；一件长 23.15 厘米、宽 1.3 厘米、厚 0.35 厘米。

　　6. 新莽铜量（图 2-225），汉新莽时期。出土信息不明，今藏中国国家博物馆。通长 23.92 厘米、高 11 厘米，容积 1940 毫升。

> 图 2-224　王字青铜衡

> 图 2-225　新莽铜量

7. 天秤和环权（图 2-226），战国楚。1954 年出土于湖
南长沙市左家公山，今藏中国国家博物馆。木杆长 27 厘米、
铜盘径 4 厘米。

8. 高奴禾石权（图 2-227），战国。1964 年出土于陕西
西安阿房宫遗址，今藏陕西历史博物馆。通钮高 17.2 厘米、
底径 23.6 厘米、腹围 76 厘米。

> 图 2-226 战国天秤和环权

> 图 2-227 高奴禾石权

符是传达命令或调兵遣将的凭证，即符券、符节、符传等信物的总称。符分左右两半，分存两方，使用时两半相合，称为"符合"，表示命令经验证可信。从实物来看，战国时期兵符呈虎形，如1973年出土于西安郊区的杜虎符和现藏日本京都泉屋博古馆的乘虎符。从文献记载来看，也有竹符。比如《战国策·秦策三》："穰侯使者，操王之重，决裂诸侯，剖符于天下，征敌伐国，莫敢不听。"鲍彪注："符，信也，谓军符。汉制，以竹，长六寸，分而相合……《汉文纪》云：'郡国守相为铜虎符、竹使符。'《索隐》云：'《汉旧仪》，铜虎符发兵，竹使符出入征发。'"唐代司马贞作《史记索隐》时指出发兵时用"铜虎符"，出入征发时用"竹符"。"符"作竹字头，也可表明在铜符之前已有竹符这个阶段。节是君主派出的使节所持的凭信，用作使节代表君主开展出征、节制、监察、办理重大案件、出使外国等重大事务的证明。玺印也是一种凭证，用于文书和信函交互往来。《释名》："玺，徙也，封物使可传徙而不可发也。印，信也，所以封物为信验也。亦言因也，封物相因付也。"战国时期，各国在政治、经济、文化间的交流更为频繁，玺印也于这时开始盛行。官私印都称玺，字作"鉨"。但秦统一天下后，规定只有皇帝所用称"玺"，其余所用称"印"。汉代则除皇帝外，太后、皇后、诸侯王的印均可称"玺"，一般人的印则称"章"和"印信"。隋以前的印因携带便利，多有钮，可系绶带。据钮的不同，可分鼻钮、瓦钮、桥钮、环钮、柱钮、坛钮、台钮、觿钮、杙钮、兽钮、蛇钮、龟钮、驼钮、马钮、羊钮等。代表性符、印举例如下：

1. 杜虎符（图2-228），战国晚期。1973年出土于陕西西安市郊区山门中乡北沉村，今藏陕西历史博物馆。长9.5厘米、高4.4厘米、厚0.7厘米。

> 图2-228　杜虎符

2. 鄂君启车节（噩君启车节，图2-229），战国中期。1957年出土于安徽寿县丘家花园，今藏中国国家博物馆。长29.6厘米、宽7.3厘米、厚0.7厘米。

> 图 2-229　鄂君启车节

3. "牢羊司寇"铜印（图 2–230），战国。今藏中国国家
博物馆。通高 1.5 厘米、长 1.5 厘米、宽 1.5 厘米。

> 图 2–230 "牢羊司寇"铜印

4. "亲晋胡王"青铜印（图 2–231），西晋。出土信息不详，
今藏中国国家博物馆。印面边长 2.5 厘米。

> 图 2–231 "亲晋胡王"青铜印

    5."成常私印""成君上印"套印（图2-232），汉代。1959年，李华明先生捐赠予中国国家博物馆。母印高2厘米、边宽1.6厘米，子印高1.1厘米、边宽1厘米。

> 图2-232 "成常私印""成君上印"套印

第三编

青铜器铭文之丰

镂于金石

铜器铭文是伴随着文字的发展与青铜器铸造技术的革新而发生发展的。青铜器产生阶段的夏代，文字也还处于萌芽阶段，因此还没有铜器铭文。铜器铭文曾被称为钟鼎文，现在一般称金文。

商代早期的铜器极少见到铭文，个别器上的图案是文字还是族徽，尚存争议。中期个别器上出现了作器者的族徽符号，但还未出现被祭祀祖先的日干称号，如图之 3-1、3-3。晚期从武丁到帝辛近 200 年，铭文字数渐多，又可分为前后两段。其前段多是被祭祀祖先名，如"司母戊""司母辛"，或作器者徽号加祖先日干名，如"象祖辛"及图之 3-2、3-4。

> 图 3-1(集成 9468)

>3-2(集成 10041)

> 图 3-3(集成 1204)

>3-4 (陕金 3: 297)

其后段帝乙、帝辛时期，出现了纪事体的铭文，少则几字，最多达四十几字。出土和传世的商代铜器的数量尚无法统计，估计仅礼器就达数千件，加上兵器、车马器、工具可达万件之多，但有铭者数量有限，二三十字的仅有十余件。商代铜器的出土地遍及中原及周边各省，如河南、湖北、安徽、江西、河北、北京、山东、山西、陕西、湖南、广西，但长铭铜器大多出土于殷墟。

西周时期金文有了长达数百字的铭文，如毛公鼎497字、曶鼎403字、散氏盘357字、大盂鼎291字、大克鼎290字，一篇金文即可相当于一篇《尚书》。西周金文内容涉及祭祀典礼、征伐纪功、赏赐赐命、契约文书、训诰臣下、称扬先祖等各个方面，具有典型的历史文献的性质，有许多可以补传世典籍之不足，具有重要的史料价值。

春秋战国因为列国异政，铜器和铭文都呈多元化发展的趋势，也出现了一些重器和长铭，如秦公簋104字、中山王鼎469字、曾侯乙编钟全套2800余字，但由于礼崩乐坏，礼器已不如以前受到尊崇，加之铁器的出现和简帛的普及，铜器和金文逐渐被取而代之，辉煌的青铜文化也逐渐走向衰落。

以下我们据金文的内容分别介绍：

册命，是古代封官授职的隆重典礼，如天子任命百官、封建诸侯，诸侯封卿大夫，卿大夫封臣宰，等等。西周册命金文为当时王室、公室或诸侯册命之实录，册命文字原书于简册，册命时当庭宣读，受命者归而铸于铜器。从现有上百篇西周册命金文来看，西周早期较少，尚未形成固定格式，仅见大盂鼎、宜侯夨簋、井侯簋等器；大部分都属于西周中晚期器，穆王之后的长篇铜器铭文，大都为册命金文。下面以颂簋为例来介绍册命金文的情况。

>3-5　颂簋及其铭文

　　"中研院"史语所殷周金文暨青铜器资料库中，颂簋有四件，铭文均同，一件藏北京故宫博物院，一件藏山东博物馆，一件藏地不详，一件藏美国堪萨斯市纳尔逊艺术博物馆。其中，第四件据科学测定为清代晚期铸造。图3-5为山东博物馆藏器。铭文150字（又重文2）：

　　　　唯三年五月既死霸甲戌，王在周康邵宫。旦，王格大室，即位。宰引佑颂入门，立中廷。尹氏授王令书，王呼史虢生册命颂。王曰："颂，令汝官司成周贾，监司新造贾，用宫御。赐汝玄衣、黹纯、赤市、朱衡、銮旗、攸勒。用事。"颂拜稽首，受命册，佩以出。反，纳瑾璋。颂敢对扬天子丕显鲁休，用作朕皇考龚叔、皇母龚姒宝尊簋，用追孝祈匄康爰纯佑，通禄永令，颂其万年眉寿无疆，畯臣天子需终，子子孙孙永宝用。

上述铭文记载了册命过程的各个方面：

时间　　　　唯三年五月既死霸甲戌，旦

地点　　　　王在周康邵宫

王位　　　　王格大室，即位

傧相及受命人　宰引佑颂入门，立中廷

尹授册　　　尹氏授王令书

宣命　　　　王呼史虢生册命颂

授官　　　　王曰："颂，令汝官司成周贾，监司新造贾，用宫御……"

赏赐　　　　"赐汝玄衣、黹纯、赤市、朱衡、銮旗、攸勒……"

勉励	用事	175

受命	颂拜稽首，受命册，佩以出
纳瑾璋	反，纳瑾璋
对扬	颂敢对扬天子丕显鲁休
作器	用作朕皇考龚叔、皇母龚姒宝尊簋
祝愿	用追孝祈匄康戮纯佑，通禄永令，颂其万年
	眉寿无疆，畯臣天子霝终，子子孙孙永宝用

　　颂簋铭文是非常典型的册命金文，其他册命金文可能不如其全面，陈汉平在《西周册命制度研究》中综合比较了八十例册命金文，得出了完整的西周册命金文文例，至今看来，仍比较客观。文例如下：

　　佳王某年某月月相辰在干支，王在某（地）。旦，王各于某（地），即位。某（人）右某（人）入门，立中廷，北向。史某受王命书，王乎史某册命某。王若曰：某，由某种原因，余册命汝官司某事。赐汝秬鬯、服饰、车饰、马饰、旂旗、兵器、土田、臣民、取征某乎。敬夙昔用事，勿废朕命。某拜手稽首，受命册，佩以出。反入瑾璋，敢对扬天子丕显休命。用作朕皇（剌）祖皇（剌）妣皇考皇母宝尊彝。用祈匄眉寿万年无疆，通录永令霝冬，子子孙孙永宝用。

　　正是如此，穆王之后的西周金文呈现这种程式化的面貌，尤其是这类册命金文。

训诰

　　训诰，也就是君王的诰令。《尚书》有四种文体：典、诰、誓、命，其中的"诰"就是训诰。著名的周初八诰《大诰》《康诰》《酒诰》《梓材》《召诰》《洛诰》《多士》《多方》这八篇，正是训诰。金文也不乏其例。如毛公鼎铭文497字即是一长篇训诰，在训诰结束之后，周王对毛公进行了赏赐，并有对毛公的称扬辞和祝愿辞。又如何尊铭（图3-6），也是记载的成王五年初迁成周洛邑的一篇训诰辞，篇末载有对何赏赐及何作器之语。何尊铭文119字（又合文3）：

>3-6　何尊及其铭文

佳王初迁宅于成周，复禀武王礼，祼自天，在四月丙戌，王诰宗小子于京室，曰：昔在尔考公氏，克弼文王，肆文王受兹□□（大命），唯武王既克大邑商，则廷告于天，曰：余其宅兹中或（国），自之义民，呜呼，尔有唯小子亡识，视于公氏，有爵于天，彻令敬享哉。助王恭德裕天，顺（训）我不敏，王咸诰。何赐贝卅朋，用作□公宝尊彝。唯王五祀。

大意是成王五年四月丙戌，王初迁都洛邑，祭祀武王，以配享天神。王在京室对宗族们进行训诰，夸赞他们父辈辅佐文王、武王灭商，现居住中央之地，统治万民。

《左传·成公十三年》中"国之大事，在祀与戎"，说的是古人政治生活中有两件大事：一是祭祀，二是军事。古人祭祀活动频繁，国有国祭，家有家祭。从商到周，祭祀也发生了很大的变化。商人有三大祭祀对象：帝与风雨云等神、祖先神、山川等自然神。金文中可见有祭祖先神的记载，如四祀邲其壶铭载有帝辛四祀十二月自乙巳祭文武帝乙连续三日事，二祀邲其卣记正月丙辰祭大乙配偶妣丙事，簋铭记帝辛廿祀十一月戊辰祭武乙配偶妣戊事。周人也有三大祭祀系统，但更加整饬和规范，即天神、地祇、人鬼。西周金文关

178 于祭祀的内容更为丰富。如武王时天亡簋记王祭天以文王为配，成王时何尊铭文载有成王祭天与武王事，穆王时刺鼎铭记载穆王禘祭昭王，不胜枚举。以下就举些金文的例子来看看青铜时代的祭祀情况。

　　商代中晚期金文中"图像铭文（或称族徽）＋祖或妣名"的格式较为普遍，说明了作器者将此器作为祭祀祖妣的器具。如"𡥈母辛"（𡥈母辛鬲，图3-7）、"箙父乙"（箙父乙鼎，图3-8）等。

>3-7　𡥈母辛鬲及其铭文

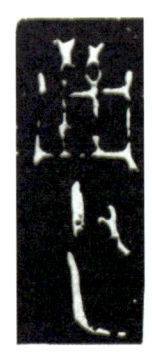

>3-8　箙父乙鼎及其铭文

即使到商代晚期或西周早期出现了字数较多的铭文，但不少铭文都记有该器是献给某某祖妣的器具，将永宝用享云云。如无祭鼎的铭文作"无祭，用作文父甲宝尊彝。粼"。

周代金文可见祭祀天神。"天神"是周人的至上神和保护神，周人认为他能主宰一切祸福。文献中常称"天"，如《尚书·泰誓上》说："天佑下民，作之君，作之师。"《论语·八佾》："获罪于天，无所祷也。"金文中偶见用"上帝"称"天神"，如著名的天亡簋铭（图3-9）：

>3-9　天亡簋及其铭文

乙亥，王有大礼，王同三方。王祀于天室，降，天亡佑王，卒祀于王丕显考文王，事喜上帝，文王德（？）在上，丕显王作眚，丕肆王作庸，丕克讫卒王祀。丁丑，王飨大宜，王降，亡助爵、退囊，唯朕有蔑，每肇王休于尊簋。

　　大意是说，某年乙亥，武王在宗庙太室（一说在嵩山）举行祭祀大典，臣天亡助祭，在太室祭上帝并以文王为配。这一祭仪与宋人刘克所撰《诗说》之《颂·我将》极为相似，"季秋禘上帝于明堂而配以文王之乐歌也，赋也"，又见于《诗说》之《颂·清庙》："周公成洛也，奉成王，见诸侯，作明堂，宗祀文王，以配昊天上帝，率诸侯祀之而作此乐歌，赋也。"都是在明堂，即天室（太室）祀文王而以配上帝。

　　金文中也谓"天神"为"大神"，因为古文字中"天"与"大"常通用，如"天室"常写作"大室"。如1976年出土于陕西扶风县法门镇庄白村窖藏的瘷钟（图3-10）和瘷簋铭文（图3-11）中都载有"祀大神"即"祀天神"。

>3-10　瘷钟及其铭文

癫曰：丕显高祖、亚祖、文考，克明厥心，疋尹
叙厥威仪，用辟先王，不敢弗帅祖考，秉明德、劢凤夕、
左尹氏，皇王对身懋，赐佩，敢作文人大宝协龢钟，
用追孝敦祀，卲各乐大神，大神其陟降严祜，业绥
厚多福，其丰丰，受余纯鲁，通禄永命，眉寿霝终，
其万年永宝日鼓。

>3-11　癫簋及其铭文

　　癫曰：皇祖考司威仪，用辟先王，不敢弗帅用凤
夕，王对楸，赐佩，作祖考簋，其敦祀大神，大神
绥多福，万年宝。

　　癫簋是癫钟内容的缩简版，二者大意相同，均为作器人自
述先祖效法先王，勤勉工作，受到王的赏赐，因此作器祭祀天
神，并祈求天神降福绵长，自己也将永远使用这件铸成的宝物。

青铜礼器是祭祀和宴飨中的必备之物。乐器用作演奏，食器用作宴飨或供奉神祇。铜器铭文也有记载宴飨事宜的，只不过因为体裁之故，西周铜器铭文常见宴飨，且与犒赏行为同见，这虽不能详述宴飨场景，但可从侧面反映宴飨时的欢乐喜庆气氛。如金文常见"飨酒"（遹簋、尹光鼎）与"飨醴"（师遽方彝、长由盉、大鼎）这样的词语，醴专指甜酒，二词均指隆重的酒宴。以下略举一例。

>3-12　师遽方彝及其铭文

师遽方彝（图 3-12），西周中期，今藏上海博物馆。铭文 66 字：

　　唯正月既生霸丁酉，王在周康寝，飨醴。师遽蔑历，侑。王呼宰利赐师遽圭一、环璋四。师遽拜、稽首，敢对扬天子丕显休，用作文祖它公宝尊彝，用匄万年无疆，百世孙子永宝。

铭文大意是某年正月既生霸丁酉，王在周康寝宫举行宴
会，在席间表彰勉励师遽，并颁赏赐，师遽叩头谢恩，因此
做了这件宝彝，祈福永远。西周建立之后，吸取商因贪酒误
国的教训，周王下令只有祭祀时才能饮酒，且不可醉。（《尚
书·酒诰》）可见，铜器铭文中的"飨酒""飨醴"是非常
隆重的场合，其宴飨之盛、规格之高、气氛之热烈便可见一
斑了。

　　据我们初步统计，商代金文可见征夷方（小臣艅尊）、伐
夷方（小子簋）、望夷方（小子卣）、征井方（尹光鼎）等 4 篇。
周代金文有 200 余篇涉及军事征伐，如利簋、何尊、大丰簋、
大盂鼎、墙盘等有对武王伐纣的记载，方鼎、保尊、保卣等
有对成王伐东夷的记载，小臣簋铭有对康王十八年伯懋父征
伐东部叛乱的记载，臣谏簋、吕行壶等记康王时期征伐北方，
应侯视工鼎有伐南夷的记载，禹鼎则有伐鄂侯驭方的记载。
以下举几例有代表性的铭文稍作解读。
　　小臣艅尊（图 3-13），又称小臣艅犀尊，是一件商代晚
期的著名酒尊。传出于山东寿张县梁山下，潘祖荫等旧藏，
今藏于美国旧金山亚洲艺术博物馆。尊高 22.9 厘米、长 37 厘
米。铭文 26 字（含合文 1）：
　　　　丁巳，王省夔且，王赐小臣艅夔贝，唯王来征
　　夷方，唯王十祀又五，肜日。

>3-13　小臣艅尊及其铭文

大意是说商晚期帝乙（一说帝辛）十五年举行彤祭的丁巳日，正是王征伐夷方返回途中，王巡视夒且之地，赐给小臣艅夒地所产之贝。

此器载有商末征夷方返回事，时间是帝乙十五年。商与东夷、淮夷的关系一度紧张，尤其是商末。帝辛十年九月甲午至十一祀五月癸丑，帝辛曾利用 250 天的时间征夷，最后获得成功。

>3-14　利簋及其铭文

利簋（图3-14）记载了武王克商这一重大史实，因此早 **185**
已名扬天下。1976年出土于陕西临潼县零口村窖藏，曾归临
潼县博物馆，现藏中国国家博物馆。通高28厘米、口径22厘米。
铭文共32字（含合文1）：

（武王）征商，唯甲子朝，岁鼎克昏，夙有商。

辛未，王在阑，赐右史利金，用作檀公宝尊彝。

大意是说，武王在甲子早上灭了商，第八日辛未，在阑
赏赐叫利的右史铜，利因此做了祭祀檀公的宝簋。此簋记载
武王灭商的时间是在甲子早上，与《尚书·牧誓》《逸周书·世
俘解》《史记·周本纪》所载相合。

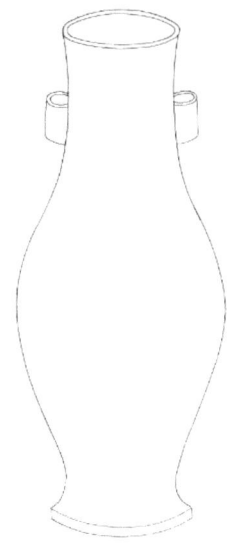
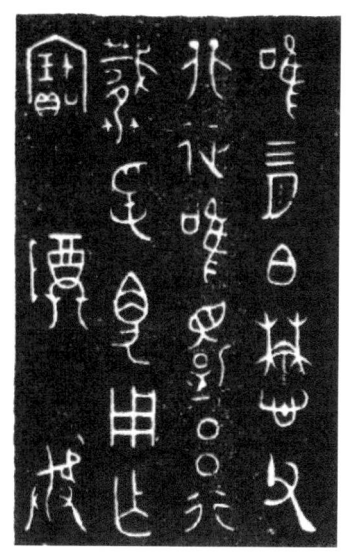

>3-15　吕行壶及其铭文

　　　吕行壶（图3-15），原清宫旧藏，西周早期器。铭文20字：

　　　　唯三月，伯懋父北征，唯还，吕行（捷），孚（俘）
马，用作宝尊彝。

　　该器铭文记载了伯懋父西周早期某年三月北征凯旋，俘获敌军马匹之事。虽不清楚具体时间与具体细节，但可以知道西周初年，伯懋父北伐的事。伯懋父之名虽不见于史籍，但其事迹可从铜器铭文中钩稽。如小臣谜簋（又称伯懋父簋）（图3-16）：

>3-16　小臣谜簋及其铭文

　　该器铭文载有时值东夷大反，伯懋父以殷八师征东夷。"殷八师"是指武王灭商以后，将殷人重新编排，组成八支军队，其庞大力量由伯懋父率领，可见其地位之高。

　　另有伐楚的铭文，如过伯簋："过伯从王伐反荆，孚金，用作宗室宝尊彝。"此簋记载了过伯跟随周昭王讨伐荆楚，俘获有铜。伐鄂侯驭方的铭文如禹鼎："用天降大丧于下国，亦唯鄂侯驭方率南淮夷东夷广伐南国东国，至于历内。王乃命西六师殷八师曰：'扑伐鄂侯驭方，勿遗寿幼！'"例多不胜枚举。

　　商周时期的田狩行为不仅为了猎取牺牲或宴飨食物，也是为了军事训练。铜器铭文亦见关于田狩的记载。如员鼎载有王狩猎时让人牵猎犬："唯正月既望癸酉，王狩于眡（视）斁（麀），王令员执犬。"又如启卣载有王狩猎地点及随行人员："王出狩南山、甽沝山谷，至于上侯，顺川上，启从征。"鼍鼎载有猎获物豕："唯正月，辰在壬申。公令狩□□，获珑豕。"另有今藏于德国柏林东亚艺术博物馆的杕氏壶则载有射猎之法——"弋猎毋后"。战国中山王器壶则载有田猎时的盛况："唯朕先王，苗搜田猎，于彼新野，其会如林。"

　　《礼记·礼器》："尧授舜，舜授禹，汤放桀，武王伐纣，时也。《诗》云：'匪革其犹，聿追来孝。'"郑玄注："聿，述也。"今本《诗经·大雅·文王有声》作"遹追"。聿、遹本来是助词，但后人往往训聿为述，且释"聿追"为

追述先人德业。如《后汉书·李固传》中："昔尧殂之后，
舜仰慕三年，坐则见尧于墙，食则睹尧于羹。斯所谓聿追来孝，
不失臣子之节者。"李贤注："聿，述也。"周代铜器很多
是因为获赏而铸，因此铭文往往记述功业及获得赏赐情况，
末尾缀上一段追孝某某祖妣和祈求福寿绵长的话。墙盘铭文
（图3-17）就是一篇特别的长篇追孝铭文，内容可分三部分：
第一部分颂扬前代诸位周王和当代天子的功烈，第二部分记
述先祖的事迹，第三部分是自赞和祈福辞。器形和铭文如下。

>3-17　墙盘及其铭文

大意是说：文王能使百姓安定和谐，所以上帝赐给他美好的德行和有力的辅佐，使他能上天下地和抚有四方万国。威德刚武的武王灭了殷，使民改正向善，武王使民不再困穷，讨伐徂、密和东夷。圣明的成王开拓王国疆土。睿智的康王分封诸侯巩固周疆。伟大朴实的昭王广伐楚荆。谨慎显耀的穆王能遵循先王的伟大谋略，使继位的恭王得到安宁。当朝天子小心维持文王、武王的光辉，勤勉无害，委曲敬事上下神祇，积极地使先王的伟大谋略发扬光大，心胸宽广，上帝和后稷保护天子，授予他长寿、厚福和好的年成，四方蛮夷无不来朝。我们高祖来归向武王，武王让他安顿下来，历乙祖、烈祖、亚祖、乙公、墙等共六世，都辅佐周王，恪尽职守。墙自己毫不懈怠，颂扬天子美好，因此铸造此盘，祈福绵长，子孙万年永远宝贵使用。

约剂是指古代用作凭据的文书、契券。《周礼·春官·太史》说："凡邦国都鄙及万民之有约剂者藏焉。"郑玄注："约剂，要盟之载辞及券书也。"又《周礼·秋官·士师》说："凡以财狱讼者，正之以傅别约剂。"郑玄注："约剂，各所持券也。郑司农云：'若今时市买，为券书以别之，各得其一，讼则案券以正之。'"这种约剂常用于结盟、交易，各持凭据，收藏起来，有纠纷官司的时候就拿出来作证据。龚自珍《说

190 宗彝》中"宗彝者何？古之约剂器也。有大讼，则书其辞，
与其曲直而刻之，以传信子孙"，是说宗庙之器的作用之一
便是刻铸重要凭据，传之后世。如西周中期的曶鼎、三年卫盉、
五祀卫鼎，西周晚期的散氏盘、琱生簋等就是约剂铜器的代表。
仅以三年卫盉铭（《集成》09456）为例。

>3-18　三年卫盉及其铭文

三年卫盉（图 3-18），又称裘卫盉，1975 年出土于陕西岐山县京当乡董家村 1 号窖藏，今藏岐山县博物馆。器通高27 厘米、口径 20.1 厘米、腹深 13.9 厘米，重 6.96 公斤。铭文如下：

> 唯三年三月既生霸壬寅，王再旗于丰。矩伯庶人
> 取瑾璋于裘卫，才（裁）八十朋，厥贮（贾），其
> 舍田十田。矩或（又）取赤虎两、麂（韨）两、（贲）
> 韐一，才（裁）廿朋，其舍田三田。裘卫乃衋告于
> 伯邑父、荣伯、定伯、琼伯、单伯，伯邑父、荣伯、
> 定伯、琼伯、单伯乃令参（叁 – 三）有司：司徒微邑、
> 司马单旟、司工邑人服眔（逮）受（授）田。燹趞、
> 卫小子䚄逆者其飨。卫用作朕文考惠孟宝盘，卫其
> 万年永宝用。

铭文大意是在恭王三年三月既生霸壬寅日，王在丰地竖旗。矩伯派下属到裘卫处换取瑾璋，裁定价值八十朋，裘卫愿意交换，矩伯拿出十田。矩伯又换取两副赤琥、两副鹿韨、一件贲韐，裁价二十朋，矩伯拿出三田。裘卫将这两件事报告伯邑父、荣伯、定伯、琼伯、单伯五位，五位就命令三有司将田交给裘卫。裘卫因此铸了这件盉，子孙万年永远珍藏使用。

这篇器铭是一篇典型的约剂文书，约定了交换的物品与

土地，因为西周土地为周王所赐，凡土地易主须经官府认可。因此，这里详细记录了交换双方的名字、物品名、价值、土地数量，官员职务和姓名。除此之外，本铭还反映了"授田"的制度。西周田地为国家所有，分配公田，按户授民，或按王命赐之于臣工，均须登记付税。因田授自官方，因此被授之田涉及变动均须官方同意，予以登记，并改变付税的数目。此事极为慎重，因此有关臣工须有监管。

律令

周王颁布的律令铸刻在铜器上，要求儆戒执行。这方面的内容不是太多，但很重要，反映了当时的律令制度。王晶专门对涉法铜器铭文进行过研究，虽对所谓的各种罪名定得过宽，但对了解西周铜器铭文中的相关律令制度，极其便利。这里以兮甲盘铭文（图3-19）为例，介绍律令铭文的大致情况。

>3-19 兮甲盘及其铭文

佳五年三月既死霸庚寅，王初格伐玁狁于㕚廘，
兮甲从王，折首执讯，休亡敃（愍）。王赐兮甲马四匹、
驹车。

王令甲政（征）司（治）成周四方责（积），
至于南淮夷。淮夷旧我帛晦（贿）人，毋敢不出其
帛、其责（积）、其进人。其贾，毋敢不即次即市。
敢不用命，则即刑扑伐，其佳我诸侯、百姓，厥贾，
毋不即市，毋敢或（有）入蛮宄贾，则亦刑。

兮伯吉父作盘，其眉寿万年无疆，子子孙孙永
宝用。

本铭可以按意义分成三段。首段记录了时间及兮甲从王
讨伐玁狁取得胜利，受王赏赐。第二段是本铭主体，记录了
王命令兮甲主管成周四方赋税，地理位置到达南淮夷。淮夷
必须向周王交纳贡赋和劳役，也包括市肆所得税收。如有违
抗不予交纳、不到集肆买卖，将受重刑。尾段是铸器祈寿和
子孙永宝用之类的习语。首尾两段为铭文惯用表达，中间一
段记载了周王下达的律令，为表庄重及铭记兮甲荣光，故铸
于盘内，传遗子孙。

有一类铜器专为嫁女而作，称为"媵器"。这类器数量
不足 200 件，但对于了解两周之际的妇女称谓、婚姻制度和
国族联姻情况具有十分重要的意义。这类媵器铭文一般包含
时间、某为某作媵器、祝愿辞三部分内容。如安徽寿县蔡侯
墓出土青铜尊三件。其中两件为媵器：一件铭文 9 字，另一
件铭文 92 字；另出有缶与盘各一件，也为媵器，缶铭 10 字，
盘铭 92 字，与前述第二尊的铭文同。

尊一铭文：

蔡侯申作大孟姬媵尊。(《集成》5939)

尊二铭文（盘铭亦同）：

元年正月初吉辛亥，蔡侯申虔恭大命，上下陟祐，
敚敬不惕，肇佐天子，用作大孟姬媵彝缶。

禋享是以，祗盟尝啻，佑受母（无）已，齐嘉整肃，
籍（抚）文王母，穆穆赟赟，恩宪欣畅，威仪游游，
霝颂托商，康谐龢好，敬配吴王，不讳考寿，子孙蕃昌，
永保用之，终岁无疆。(《集成》6010 为尊铭；《集成》
10171 为盘铭)

缶铭：

蔡侯申作大孟姬縢盥缶。(《集成》10004)

上述铭文有两篇都很简略，省去了时间和祝愿辞。尊二铭文完整记录了：作器时间；作器缘由，蔡侯申为长女大孟姬作縢器；祝愿孟姬受佑蒙福、敬配吴王、子孙蕃昌、长寿无疆。

青铜器中有一大宗：乐器，包含铙、镈、钟、钲、铎、镎于、钩镭、鼓等。除钟以外，大多无铭文，即使有铭也可能仅有一徽号。钟多为编联使用，因此，铭文可连缀成篇，如曾侯乙编钟全套达 2800 余字。尤为珍贵的是，该铭记载了春秋战国之际楚、周、晋、齐、申、曾等国的律名、音名、变化音名之间的对照关系，是研究我国先秦乐律和音乐史的重要资料。黄翔鹏说该钟铭事实上已经提出了一个对于中国传统乐律史的重新估价问题，此外，它还涉及了传统乐律学中的其他有关领域，诸如音阶、调式、变化音体系、唱名体系等方面。

　　青铜器铭文发展到战国时期，多已不再像西周和春秋时期那样严格遵守礼制规范或出现长篇铭文，多属"物勒工名"式的记事铭文，也出现了中山王兆域图铭文这样的记事铭文。这里就不再举例说明了。

第四编

美轮美奂

青铜器纹饰之美

纹饰基本是伴随着青铜器的产生而产生的。夏代晚期的青铜容器上就有了实心的连珠纹。《左传·宣公三年》载有"昔夏之有德也，远方图物，贡金九牧，铸鼎象物"，是说夏朝初年，令九州州牧贡铜，铸造九鼎，事先将全国各地山川奇异之物画成图形，然后分别刻于鼎身。尽管从现有考古发掘来看，夏代的纹饰还很简单，不可能将山川奇异之物画成图形并铸刻于器身之上，但这一传说反映了早在夏代就有了铜器纹饰却是事实。

有纹饰在先，但对纹饰进行命名的文献却在后。最早记有铜器纹饰名称的著作可能是《吕氏春秋》，其饕餮、窃曲之名沿用至今。历来金石学家都关注的是器物上的铭文，对纹饰进行著录和关注要始于北宋。吕大临的《考古图》中记有兽面、云气、牛首、篆带、方乳曲、龙等；王黼的《宣和博古图》在吕氏基础上，新增夔纹、蜼纹、麟纹、蟠虬、蛇虺等纹，并将吕氏所谓螭纹分为蟠螭、蛟螭、立螭，将雷纹分出细雷纹等。清乾隆年间的《西清古鉴》则新收有盘云、云龙、垂云、云螭等名目。

从20世纪30年代起，国外的学者开始用类型学的方法对纹饰进行分类。如瑞典著名汉学家高本汉对千余件铜器纹饰进行了研究，将其分为三组，属于A群的有饕餮面等6种，属于B群的有分解饕餮等11种，属于C群的有变形饕餮等16种。容庚的《商周彝器通考》是我国第一部辟专章讨论纹饰的著作，列花纹77种，总结出商代纹饰有饕餮、夔、蝉、蚕、龟等，西周前期有鸟、凤、象，西周后期有蛟龙、瓦、重环、窃曲，春秋战国有蟠蛇、鸟兽、象鼻、蟠螭、绚、战斗场景、狩猎场景等。容庚、张维持的《殷周青铜器通论》重新归并花纹，分几何、动物、叙事画三类，再细分 11 种 73 形或变形。"中研院"史语所李济则以考古学家视角，对殷墟铜器纹饰进行系统研究，其论文收入《李济考古学论文集》。到 20 世纪 50 年代，美国学者罗樾据器形、纹饰和铸造技术，将商晚期铜器分为 5 类，每类选器 4 种，成为西方学界对纹饰分类的蓝本。上海博物馆所编的《商周青铜器纹饰》是中国最早进行纹饰研究的专著，将纹饰分为十大类，图录有纹饰拓片或线图 1006 个。朱凤瀚的《中国青铜器综论》有专章论述纹饰，将其分为动物类、几何类和人物画像类纹饰三类，动物类细分为 8 种 44 小类 63 型 25 亚型 42 式。段勇的《商周青铜器幻想动物纹研究》重点讨论了兽面纹、夔龙纹、神鸟纹三种幻想动物纹类型。

本书拟将纹饰分为饕餮纹（兽面）、动物纹、人像纹、几何纹 4 类。以下逐一介绍。

▶ 饕餮纹（兽面）

　　传统所称的"饕餮纹"，今人改称"兽面纹"，其早期模样可追溯到公元前三四千年的红山文化时期（图 4–1）的带齿兽面形器，该器用途不详，但中间部分的兽面双目特征非常明显。山东龙山文化时期（公元前 2600—公元前 2000 年）也发现有兽面石锛（图 4–2、4–3），器出土于日照两城镇，正反面均饰有兽面纹。兽面纹形象完整，双目外饰以多条抛物状线，与眉部相连，但两个兽面构图略有不同，一个有冠，一个无冠。同样的纹饰在良渚文化时期（公元前 3300—公元前 2000 年）的玉器上也能见到（图 4–4），该图案有繁简两种形式，简要形式普遍可见于良渚玉琮上，繁复之形表现了上面的"人"形双手置于下面的"兽"首之上。中原的二里头遗址（公元前 1750—公元前 1500 年）所出的青铜牌饰，显然也饰以这种饕餮纹（图 4–5）。

> 图 4–1　红山带齿兽面形器　　　　> 图 4–2　日照两城镇石锛兽面

202

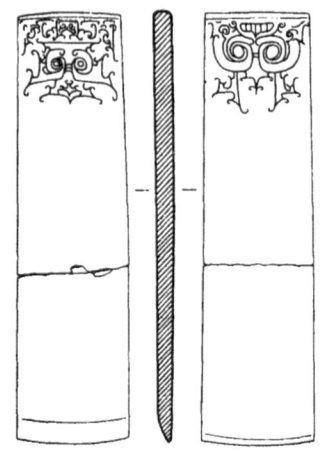

> 图 4-3 日照两城镇兽面石锛

> 图 4-4 良渚玉琮兽面图案

有商一代，青铜器上普遍饰以饕餮纹。"饕餮"之名早
见于《吕氏春秋·先识览》："周鼎著饕餮，有首无身，食
人未咽，害及其身，以言报更也。"宋代的金石学家用"饕
餮纹"这一名称来指称青铜器上表现兽面，或以兽面为主的
纹饰。近年有学者改称其为"兽面纹"，我们认为，该纹饰
主要突出面部双目，有的有鼻、眉、角、身、足等，为幻想
动物形，考虑到传统，本书仍以"饕餮纹"名之。

商代青铜器上的饕餮纹可以图 4-6-1 至图 4-6-8 为例，

> 图 4-5　二里头遗址出土兽面纹铜牌饰

纹饰以鼻梁为中线，两侧作对称分布。图形的主体为双目，
其上端为角，目旁为耳，耳下有曲张的爪。商代早期，饕餮
纹较为简单，仅有双目，其他部位都省略了。到商代中期，
纹饰变得繁复，一般都用横条或直条的复线或单线构成勾曲
形条纹，有的还歧生出简单的雷纹。尤其是到商代晚期，饕
餮纹的各种变形，可谓千姿百态。以下就角的不同形态试分
成六类：内卷角饕餮纹、外卷角饕餮纹、圈角饕餮纹、牛角
饕餮纹、长颈鹿角饕餮纹、无角饕餮纹。

> 图 4-6-1　饕餮纹照片

> 图 4-6-2　商代青铜器上饕餮纹拓片

1.内卷角饕餮纹

> 图 4-6-3 青铜器内卷角饕餮纹

2. 外卷角饕餮纹

> 图 4-6-4　青铜器外卷角饕餮纹

3. 圈角饕餮纹

> 图4-6-5　青铜器圈角饕餮纹

4. 牛角饕餮纹

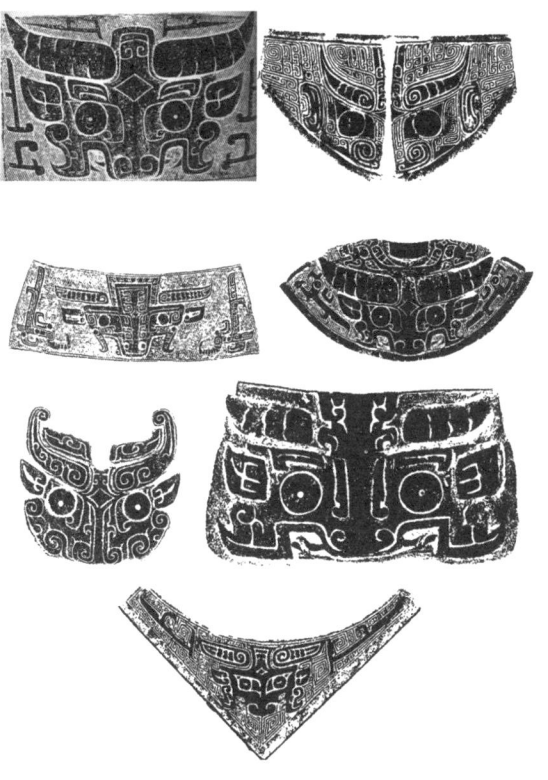

> 图4-6-6　青铜器牛角饕餮纹

5. 长颈鹿角饕餮纹

>图 4-6-7　青铜器长颈鹿角饕餮纹

6. 无角饕餮纹

>图 4-6-8　青铜器无角饕餮纹

▶ 动物纹

动物纹是指青铜器上那些描绘幻想动物如龙、凤和现实动物如牛、鹿等形象的纹饰。据不同动物形象可将动物纹分成如下小类：

在古人看来，龙是一种具有超自然力量的神奇动物，能千变万化，上天入水，神通广大。《管子·水地》说："龙生于水，被五色而游，故神。欲小则化如蚕蠋，欲大则藏于天下，欲上则凌于云气，欲下则入于深泉，变化无日，上下无时，谓之神。"东汉许慎《说文·龙部》释"龙"为"鳞虫之长，能幽能明，能细能巨，能短能长；春分而登天，秋分而潜渊"。青铜器上，这一神性动物形象的使用较为普遍，尤其是商至西周时期，有蟠龙纹、舒身龙纹、交龙纹、双体龙纹、两头龙纹等。

龙的形象可追溯到仰韶文化时期，如河南濮阳西水坡M45发现用蚌壳摆塑的龙虎图（图4-7）。该龙头上有角，长吻，张嘴，四足有爪，长尾，如腾飞或奔驰状。其后的陶寺文化也见有龙纹图案（图4-8），为蟠龙形，且蟠龙形图案在后来青铜器上也保留了下来（图4-9）。

> 图4-7 河南濮阳西水坡
> M45蚌塑龙虎图

> 图4-8 山西陶寺遗址龙纹盆

>图4-9 青铜器蟠龙纹饰

除了这种蟠龙纹饰之外，青铜器上也有舒身龙纹，如

图 4-10。其实，最常见的龙纹应该是交龙纹，如图 4-11。这

种交龙纹主要出现在春秋战国时期的青铜器上。

> 图 4-10　青铜器舒身龙纹饰

> 图 4-11　青铜器交龙纹饰

　　两头龙纹有点类似上述交龙纹，只是龙的身体并不纠缠在一起，如图4-12。李朝远等学者说它是一种兽体的两端各有一个龙头的形象。在青铜器上这种纹饰的体躯大多成为一条斜线或曲折形线条。两头龙纹的两个头有不相同的，如一个是正面，一个是侧面。简单的独体两头龙纹，大多见于西周中、晚期。缠绕式的两头龙纹则流行于春秋中、晚期。

> 图4-12　青铜器两头龙纹饰

　　还有一头双身龙纹在铜器上也有出现，如图4-13。一方面可以理解成艺术家是因考虑对称而进行的创作；另一方面也可以理解成是将龙头作为焦点，考虑到图案的透视效果。当然，中国美术一般是不考虑透视，而更倾向于对称的。

> 图4-13　青铜器一头双身龙纹饰

　　《说文》："夔，神魖也。如龙，一足；从夂，象有角、手、人面之形。"夔是一种传说中的山怪。《国语·鲁语下》："木石之怪曰夔、蝄蜽。"韦昭注："木石，谓山也。或云：夔，一足，越人谓之山缫……富阳有之，人面猴身，能言。"古代传说中一种海兽也称夔。《山海经·大荒东经》："东海中有流波山，入海七千里。其上有兽，状如牛，苍身而无角，一足，出入水则必风雨，其光如日月，其声如雷，其名曰夔。黄帝得之，以其皮为鼓，橛以雷兽之骨，声闻五百里，以威天下。"青铜器上常以夔纹作为装饰。有曲尾夔纹、折尾夔纹、两头夔纹、三角夔纹和圆体夔纹。曲尾夔纹如图4-14，

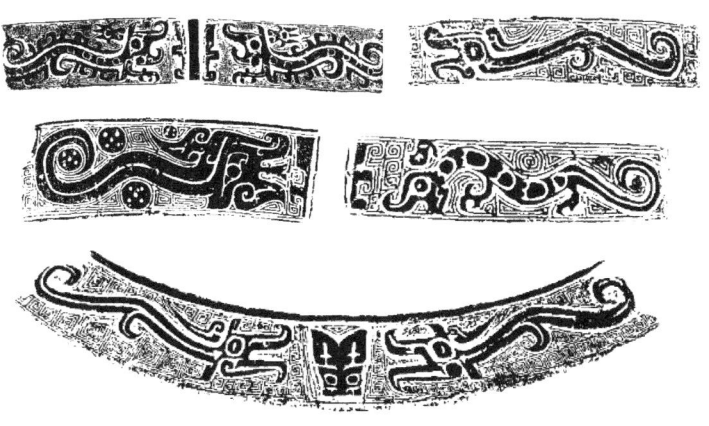

> 图4-14 青铜器曲尾夔纹饰

头部较大，身形舒展修长，尾部卷曲。目呈"臣"字或圆形，口部大张，上唇上卷，下唇下撇或内勾。

折尾夔纹如图 4-15，头部较大，身形相对较短，尾部向上或向下弯折。头部一般有长颈鹿角，目多呈"臣"字形。身体变化较多，有平伸，也有下折。偶见角与尾变形，尾部失去弯折之形，但整体风格与折尾夔纹相侯，仍归入此类。这种夔纹数量最多。

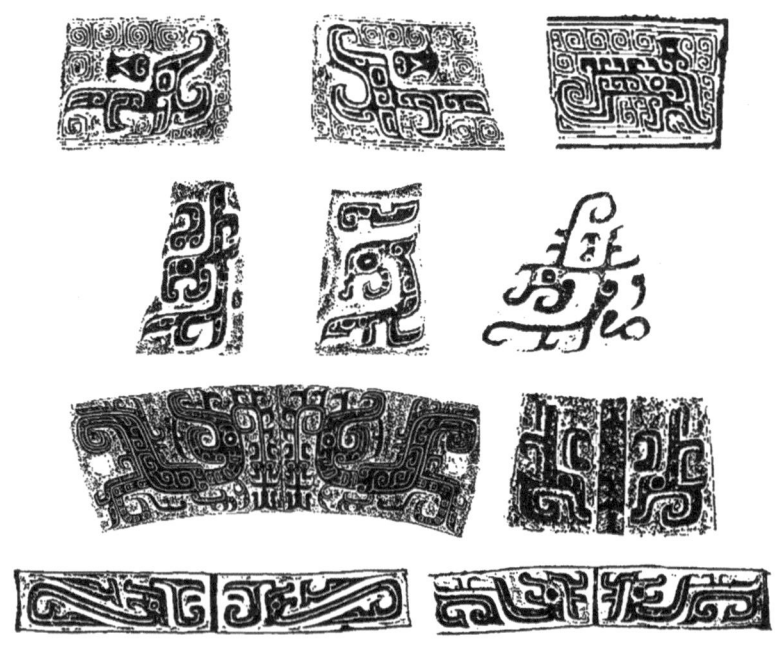

> 图 4-15 青铜器折尾夔纹饰

两头夔纹如图 4-16，有的两端为方形夔首，张大口。有的一端为钩喙鸟首，另一端为张口夔首。到春秋战国时期，两头夔纹与两头龙纹实际上并无多大差别，变成了装饰性很强的线条勾纹。

三角夔纹如图 4-17，被置于三角形纹内，两夔相向，呈中轴对称，一般夔首在上，夔身在下，有的夔尾相连。

> 图 4-16 青铜器两头夔纹饰

> 图 4-17 青铜器三角夔纹饰

　　　　圆体夔纹如图4-18，身体环绕夔首，亦可称蟠夔纹。这类纹饰数量不多。

> 图4-18 青铜器圆体夔纹饰

蛇是上古先民很早就认识的一种爬行动物，因其会伤人，又行踪不定，具有一定的神秘性，故早就成为人们信仰崇拜的对象，时至今日也依然是民间信仰的对象之一。蛇是龙、夔等纹饰的动物本体，其形象也见于青铜器纹饰。既有商代晚期象形性强的实物描摹，如图4-19-1，是出土于殷墟五号墓中的鸮尊左前腹的蛇纹，图4-19-2是青铜器颈部的蛇带纹，也有春秋战国时期愈加写意的简略线图，如图4-20即多见的蟠虺纹。

　　这种蟠虺纹发展到战国中后期，形成一种纯抽象的带形环绕交错的纹饰，但依然可以看出它的原形是蛇纹，如图4-21。

> 图 4-19-1　殷墟五号墓鸮尊
　　　　　　左前腹蛇纹饰

> 图 4-19-2　青铜器蛇带纹饰

> 图 4-20　青铜器蟠虺纹饰

> 图 4-21　青铜器抽象蟠虺纹饰

鸟 纹

这里我们将"鸟"作为一个上位概念,包括所谓"凤""鸮"等下位概念,因此,鸟纹是一个较为笼统的概念,实际包括凤纹、鸮纹及其他鸟属纹饰。最早的鸟纹发现于新石器时代,但鸟纹在商代青铜器上极为罕见,如殷墟晚期的四羊方尊和凤纹方尊。当时有一种比较特别的鸱鸮纹,如图4-22。通常为鸱鸮的正面图形,突出其大圆眼,有的头上还有毛角,双翅张开。这种形象盛行于商代中晚期。到商末周初直至西周中期昭王、穆王时期,青铜器纹饰中的凤鸟纹大量出现,这一时期,有人称为"凤纹时代"。

> 图 4-22　青铜器鸱鸮纹饰

凤鸟纹形象主要突出冠和尾,根据冠的不同可以分成齿形冠凤鸟纹(图4-23)、独带冠凤鸟纹(图4-24)、多带冠凤鸟纹(图4-25)。根据尾的不同可以分成垂尾凤鸟纹(图

4-23）、歧尾凤鸟纹（图4-24、4-25）、折尾凤鸟纹（图4-26）、

长尾凤鸟纹（图4-27）、立尾凤鸟纹（图4-28）。

> 图4-23 青铜器齿形冠凤鸟纹饰

> 图4-24 青铜器独带冠凤鸟纹饰

> 图4-25 青铜器多带冠凤鸟纹饰

> 图4-26 青铜器折尾凤鸟纹饰

> 图4-27 青铜器长尾凤鸟纹饰

> 图 4-28　青铜器立尾凤鸟纹饰

到春秋晚期，还出现了一种写实的雁纹（如图 4-29），具有北方地区的风格。

> 图 4-29　青铜器雁纹饰

大概从商代晚期开始，青铜器上出现了虎的形象。如安徽阜南县出土的龙虎尊（图 4-30），有双身虎衔住一人之形。

河南安阳殷墟著名的司母戊大方鼎，双耳饰有对称两虎，虎张口卷尾，虎口中间有一人头（图4-31）。这一形象与妇好墓出土的青铜钺上双虎面对一人头之形极似（图4-32）。另有著名的虎食人卣两件，相传出于湖南安化、宁乡交界处，后流出国外，一件藏于法国巴黎市立东方美术馆，一件藏于日本泉屋博物馆。器物整个形象为虎蹲踞状，前爪搂抱一人，均正面相抱（图4-33）。这类"虎食人"的母题在当时颇为流行，对其含义还捉摸不透，笔者比较倾向于用张光直的理论解释，该类器物为巫觋通天的法器，人是巫觋形象，虎则是"助巫觋通天地"之动物。

> 图4-30　龙虎尊虎纹饰

>图 4-31 司母戊大方鼎虎纹饰

>图 4-32 妇好钺虎纹饰

> 图 4-33　虎食人卣纹饰

> 图 4-34　四虎铜镈虎纹饰

另有一些虎纹不是作为器物的主题表现，而是作为器物的局部装饰（图 4-31），作侧面表现之形。其他如商代末期的四虎铜镈（图4-34）。

另有戈上的虎纹，作威猛张口状。林巳奈夫和张光直分别用神祇和萨满助手来解释礼器上的动物纹

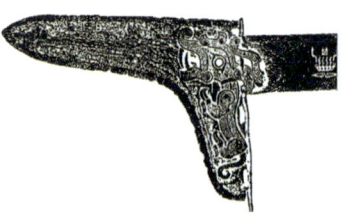

> 图 4-35　青铜戈虎纹饰

饰，但在兵器上作这样的解释，似乎是不切合的。

　　春秋战国时期虎纹多已失去象形性，而变得更加抽象，突出其装饰效果。（图4-36）

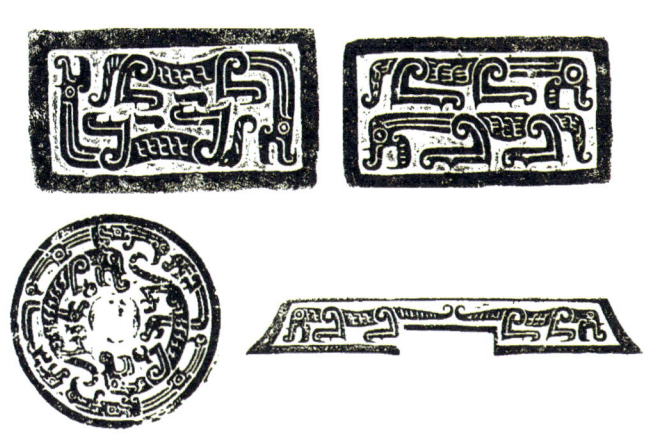

> 图4-36　青铜器虎纹饰

　　大象是一种很早就被驯化的野生大型动物，甲骨文中已有"象"字，其造字取象即是"以手服象"，引申而有"做""作为"等义。《吕氏春秋·古乐》有"服象"的记载："商人服象，为虐于东夷。周公遂以师逐之，至于江南，乃为《三象》。"殷墟西北岗王陵区祭祀坑中埋有一头带有铃铛的小象，显然已被驯化。商晚期青铜酒器中有象尊，即是模仿大象的造型（如

图 4-37）。大象作为一种纹饰可见于商代晚期的友尊（如图
4-38），又称九象尊，腹部用简易线条勾勒出九头大象，首
尾相接，形象生动。另有湖南宁乡出土的商代晚期青铜大铙，
边缘上饰有大象纹（如图 4-39）。西周早期的士上尊腹部饰
有象纹（如图 4-40），其他如士上卣、邢侯簋、乙公簋所饰
象纹，均各具特色，造型逼真。

> 图 4-37　青铜象尊

> 图 4-38 九象尊象纹饰

> 图 4-39 青铜大铙象纹饰

> 图 4-40 青铜士上尊象纹饰

牛 纹

　　商周青铜器上，常以牛角饰饕餮，且以牛头装饰在器物
的足部、鋬或提梁的两端（图 4-41、4-42）。作为整体的牛
纹可参图 4-43。但总体上来说，牛纹在青铜器上出现得还是
比较少的。

> 图 4-41　亚丑父丙方鼎足
　　　　　牛首纹饰

> 图 4-42　车軎牛首纹饰

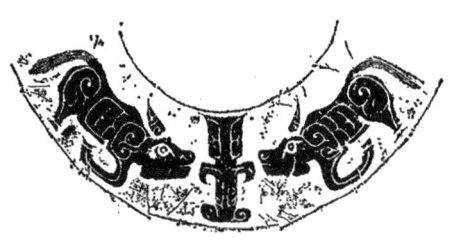

> 图 4-43　青铜器牛纹饰

以鹿头作青铜器纹饰，最为著名的当系殷墟出土的鹿方鼎（图 4-44），鼎腹外主体饰鹿角饕餮纹，鹿角歧枝状。另

> 图 4-44　鹿方鼎纹饰

有西周早期的貉子卣盖外沿与卣颈外沿均饰有一圈鹿纹（图
4-45），鹿头回顾，浅卧低回，形态逼真。更有意思的是，
貉子卣铭中有"馈貉子鹿三"的文字，与鹿纹正相呼应。

> 图4-45　貉子卣鹿纹饰

龟在商代极其常见，常将龟甲作为占卜的工具。青铜器
纹饰中的龟纹，主要见于用作水器的盘上，且多与鱼纹同时

出现，如商代晚期的亚疑盘（图4-46），龟纹饰于盘内底，周围有鱼纹。像这种俯视形龟纹，背部多为圈纹或火纹，如图4-47。

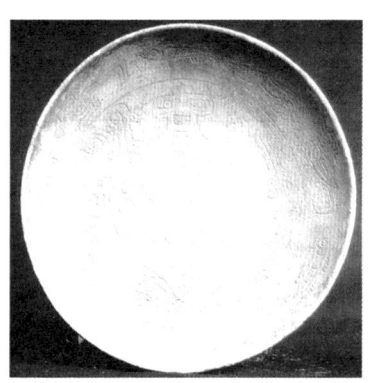

> 图4-46　亚疑盘龟纹饰

> 图4-47　青铜器龟纹饰

鱼纹作为一种装饰，可以上溯至公元前 5000 年至公元前
4000 年仰韶文化西安半坡类型时期的陶器上，当地出土了多
件以鱼纹装饰的陶盘和陶罐（图 4-48）。同样属于仰韶文化
时期，在河南临汝阎村还出土了一件鹳鱼石斧图陶缸（瓮棺），
陶缸上绘有鹳鸟口叼鱼纹（图 4-49）。青铜器上的鱼纹并不
多见，在春秋和战国时期的青铜盘上有鱼纹饰（图 4-50、4-51、
4-52）。到西汉以后，鱼纹比较风行。不仅在水器洗、铜上有，
而且还利用鱼的立体造型做成扁壶，马承源认为，这与汉人
以"鱼"喻多子有关。

> 图 4-48　西安半坡彩陶鱼纹饰

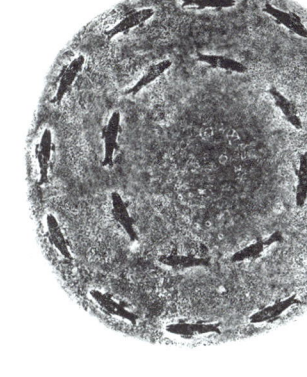

> 图 4-49　仰韶陶缸鹳鱼石斧纹饰　　　　> 图 4-50　郑伯盘鱼纹饰

> 图 4-51　大师盘动物纹饰

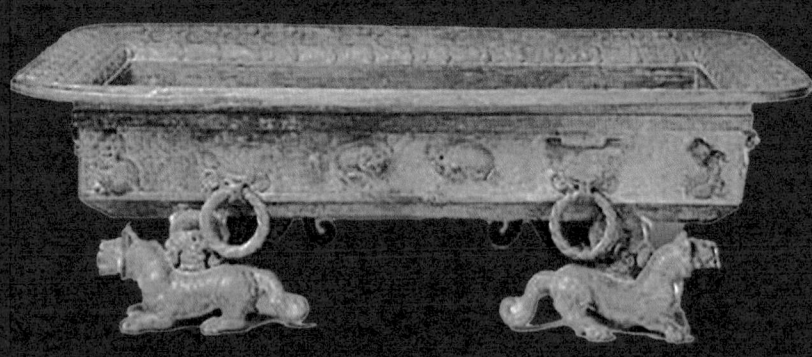

> 图 4-52　龟鱼纹方盘

蝉 纹

　　蝉纹是青铜器上很普遍的纹饰，只是多作为辅助纹饰置
于鼎的腹部一整圈，并在蝉纹外围作三角形图案，称为三角
蝉纹（图4-53）。也见有少量作为鼎的主要纹饰，出现在鼎
腹和鼎足上（图4-54）。另也常见于觚的胫部、壶的圈足、
卣的提梁，横向排列（图4-55）盛行于商末至周初。

> 图4-53　青铜器蝉纹饰

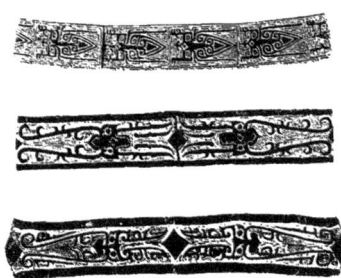

> 图4-55　青铜器蝉纹饰

> 图4-54　昷鼎蝉纹

兔 纹

　　兔纹饰青铜器不多见，但兔的形象可爱、写实生动的姿
态还是通过青铜器保留了下来。如1971年出土于河南洛阳市
北窑村南瀍河西岸墓葬的西周早期青铜觯，颈部饰一周兔纹
（图4-56），作匍匐爬行状。另也偶见匍匐在地的兔纹（图
4-57）。

> 图4-56　青铜器兔纹饰

> 图4-57　青铜器兔纹饰

青蛙和蟾蜍，二者形态相近，在动物学上属于脊椎动物门、两栖纲、无尾目。青蛙形体较苗条，善于游泳和跳跃，有声囊。蟾蜍体肥，行动缓慢不善跳跃，没有声囊。尽管从形态上看，二者差异明显，但

> 图4-58　铜鼓蛙形饰

作为纹饰，有时是不易区分的，故本书统言之为蛙纹。蛙纹饰早见于新石器时代的陶器上，在辽宁阜新的查海遗址、甘肃秦安的大地湾遗址、陕西的姜寨遗址，以及青海的柳湾遗址、甘肃兰州的土谷台墓地等都可见到。青铜器蛙的形象多见于

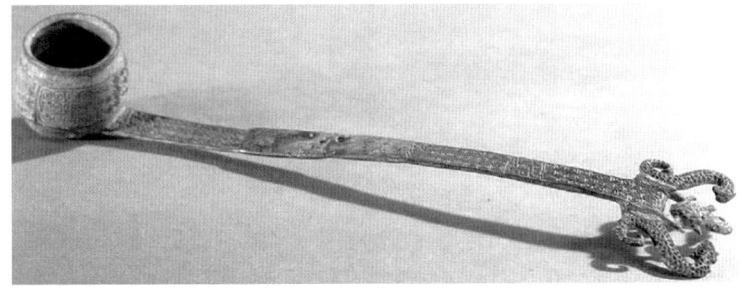

> 图4-59　双蛇戏蛙首铜勺

南方的铜鼓（图 4-58），也见于蛇噬蛙饰物（图 4-59）和水器。如藏于上海博物馆的卣（图 4-60），提梁两端各有一蟾蜍。蛙纹饰青铜器，可以蛙纹钺（图 4-61）为例，钺面饰以一只身形浑圆的蛙，或即为蟾蜍，蛙身上有旋涡状太阳纹。

> 图 4-60　蛙饰卣

> 图 4-61　蛙纹钺

▶人像纹

　　青铜器中有一部分用人面或人体作为纹饰，我们统称为人像纹。这类纹饰可以分成四类：一是饰于器物表面最为显眼的位置，特写人面、双目，有的带有双角，给人以强烈的视觉冲击，有学者称其为"人面饕餮"；二是以"虎食人"为母题的人像题材，对其含义的理解至今也颇多争议；三是以奴仆的形式出现，饰于器物的腿部起支撑作用，或饰于门外起把门作用；四是以故事的形式出现，描绘盛大的宴乐、采摘、渔猎、战争场面。四类人像各具特色，生动形象。

　　1959 年在湖南宁乡县黄材镇黄材村出土一件方鼎（图4-62），四面都饰有人面，双目有神，面色凝重。另有出土于山东苏埠屯遗址的青铜人面钺（图4-63）也是这种类型。殷墟出土一件盉，其盖用人面纹饰做成（图4-64），今藏美国华盛顿弗里尔美术馆，其造型和设计都别出心裁。另外，殷墟妇好墓还出土有用象牙做成的酒杯，外壁镶嵌绿松石，

其中有人面图案（图 4-65）。江西新干大洋州出土人面纹饰
物（图 4-66）与今巴黎吉美博物馆一面铜鼓上的人面纹饰（图
4-67）极为相似，都可以看作人面饕餮。

>图 4-62　大禾方鼎人面饕餮纹饰

> 图 4-63 青铜人面钺

> 图 4-64 青铜盉人面纹饰

> 图 4-65　绿松石人面纹象牙杯　　> 图 4-66　江西新干大洋州人面纹饰

> 图 4-67　青铜鼓人面纹饰

"虎食人"母题

商代青铜器上有一类常见的母题，即虎与人像。有的是双身独首虎张口对一人形，如本章前文所列举之龙虎尊（图4-30）；有的是双虎张口面对一人头，如司母戊大方鼎耳外纹饰（图4-31）和妇好钺纹饰（图4-32）；有的是虎与人正面搂抱形象，如虎食人卣（图4-33）。

奴仆人像纹器

这类人像一般包含全身，且多躬腰曲身，或作跪蹲状。如三星堆出土的青铜跪奉圭人像（图4-68），人物头部残缺，但身体完整。山东莒县曾出土一件长方体容器（图4-69），直壁稍内收，顶部有两扇可以对开的小盖，每盖一钮，分别为男、女裸体小人儿，呈面对面踞坐形。器腹下部铸有六个人形器足，裸体、屈膝，双手在后背负器身。曲村－天马晋

> 图4-68 三星堆出土跪奉圭人像

>图4-69 裸人方奁

>图4-70 铜盉奴仆纹饰

侯墓地出土铜扁壶，由两个小人儿用后背托住壶身（图4-70）。
山西闻喜上郭村出土刖人守囿车（图4-71），形为厢式六轮车，
车厢前左门扉立一被刖掉左足的裸体守门人，顶有盖可开启。

>图4-71　刖人守囿车

这类人物故事纹饰出现于战国时期，摆脱了此前"对称""虚幻"的艺术技巧，代之以写实的手法、流畅的线条描绘当时人们的各种生活场景，如宴饮、采桑、狩猎、战争等画面。如现藏故宫的一件战国宴乐渔猎攻战画像壶就生动地描绘了当时的社会场景（图 4-72）。壶颈部为第一区，可

> 图 4-72　战国宴乐渔猎攻战画像壶

分左右两组，并都含上下两层，表现了采桑和射礼活动。壶
腹上部为第二区，包含两组画面。左面为宴乐场面，七人在
上图饮酒，下图是乐舞，击钟承磬，载歌载舞。右面为渔猎
场景，鸟兽鱼鳖，缯缴弋射，尽显壶面。壶腹下部为第三区，
也包含两组画面。左侧为陆上攻守城之战，云梯上城，短兵
相接，激战正酣。右侧为水战，船上旌旗翻飞，船下有鱼鳖
游动。战士们手持武器，头裹巾帻，壮怀激烈。其中射者支
左居右，张弓搭矢；持戈者前握后运，双足稳立；架梯者高
擎双手，大步跑进；登梯者持弓戈矛盾，攀援而上；划桨者
前屈后伸，侧身摇荡；潜泳者扬臂蹬足，奋力游动。整个场
面气势恢宏，惊心动魄。另一件成都百花潭出土的战国采桑
宴乐射猎攻战纹铜壶的纹饰风格也颇为相似。

▶ 几何纹

以几何形状作为纹饰是原始先民在陶器制作方面就已开
始的技艺。青铜器上的几何纹则更加繁复，配合着饕餮纹、
动物纹、人像纹等广泛使用。可据其外形初步分成：圆珠纹、
旋涡火纹、云雷纹、乳丁纹、条纹、弦纹、菱形纹、三角纹、
四角花纹、曲波纹、"U"形鳞纹、重环纹等。商和西周时期，

几何纹主要用作地纹，起陪衬和界格作用。西周中期以后，有的几何纹在一些器物上则逐渐成为主要纹饰。

圆珠纹是一种简单朴素的纹饰，表现为小圆圈的横式排列（图4-73）。可见于夏代中期的青铜器，如爵和斝的腹部，作单行或双行排列，周围以弦纹作界栏。商代早期这类纹饰都很常见，到商代中期以后就很少出现了。一般认为，陶器上的圆珠纹是制作时用管状物在陶范上印制而成。图4-74是一件圆珠纹鼎，敛足鼓腹，窄平沿，口沿上有一对小耳，圆底；三足上粗下细；颈部饰连珠纹镶边的雷纹带。从形制看是商代中期之物，"史语所"金文暨青铜器资料库定其为商代晚期或西周早期之物。

> 图4-73　青铜器圆珠纹饰

>图4-74 圆珠纹鼎

火纹呈旋涡状，故又称圆涡纹、涡纹或囧纹。其形态是圆圈内部由外向内有四到八道旋转的弧线，表示火焰的流动。旋涡中心有一个小圆圈，一说像水流的中心，周围的弧线表示旋转的水流。火纹是太阳的象征，太阳是先民崇拜的对象，因此，我们倾向于将其看作火纹，并且认为将这种火纹铸于青铜礼器上应该有一定的宗教含义。火纹持续的时间很长，早期可追溯到新石器时代的屈家岭文化，出土的陶纹轮上就有火纹。青铜器上最早的火纹见于夏代晚期斝的腹部，形式还比较原始，只有圆形，而没有表示火焰旋转的弧线。到商代早期，火纹已多见于斝腹和斝柱，商代中期，火纹与饕餮配合，出现在青铜酒器的颈部和腹部。商代晚期和西周早期的火纹则多见于鼎、簋等烹煮器的腹部。春秋战国，单个火纹装饰华丽，或与其他纹饰配合使用，最常见的是与龙纹相配，构成火龙纹。如陕西宝鸡市渭滨区神农镇茹家庄村出土的一件西周早期罍（图4-75），器身上部饰以火纹，简约大方。其余火纹如图4-76。

> 图4-75　火纹罍

>图4-76　青铜器火纹饰

以一个中心用单线或双线向外环绕，形成如螺纹一样的图案即云雷纹。有人把圆形的称作云纹，方形的称作雷纹。实际上二者常混用无别，故统称云雷纹。这种纹饰在青铜器上出现得颇早，商代早期已用连续带状云雷纹作为主纹，在饕餮、

> 图 4-77　青铜器云雷纹饰

夔龙、凤鸟大量兴起的商代晚期至西周中期，云雷纹都是作为地纹，给主纹以陪衬。到战国时期，云雷纹发展成活泼灵动的流云纹。如商代晚期的一件铜器上的纹饰（图 4-77），以饕餮为主纹，地纹用云雷纹，饕餮的角、身均用云雷纹表现。

　　云雷纹在实际应用中呈现各种变体。如乳丁雷纹（图 4-78），图案呈斜方格形，每个方格云雷纹中间有一乳突。乳丁雷纹常作为主纹出现在鼎、簋、罍的腹部，流行于商代中晚期至西周早期。商代乳突平坦光滑，西周则长且尖锐。

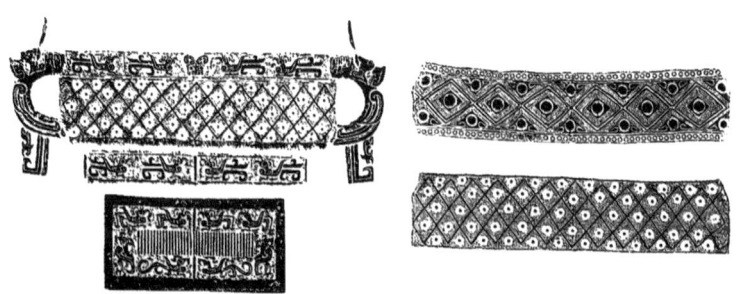

> 图 4-78　青铜器乳丁雷纹饰

又如曲折雷纹（图4-79）。图案作波浪形上下曲折，粗细线条的雷纹相间排列，见于西周早期。

　　又如钩连雷纹（图4-80）。线条相互钩连，呈斜"山"字形。早见于商代中期，盛行于商末周初，春秋战国时期的钩连纹线条用金银或绿松石镶嵌。

> 图4-79　青铜器曲折雷纹饰

> 图4-80　青铜器钩连雷纹饰

又如三角云雷纹（图4-81）。这种纹饰已完全抽象化为装饰性图案，外形为三角形，内填以云雷纹。

> 图 4-81　青铜器三角云雷纹饰

弦纹是青铜器上最为简单的纹饰，为一两根凸起的或直或横的线条。有的青铜器上仅有弦纹，没有其他纹饰，显得简洁朴素，多数情况下弦纹是作为界格出现的。如图 4-82-1、4-82-2。

> 图 4-82-1　钺乙簋纹饰

> 图 4-82-2　车鼎弦纹饰

直条纹

　　由连续的直线条组成的纹饰，多见于商代晚期至西周晚期簋、尊、卣、觯的腹部，方座簋的方座也往往饰有直条纹。如图 4-83。

> 图 4-83　父乙簋直条纹饰

横条纹

由宽阔的横条组成的纹饰，多见于簋腹，盛行于西周中晚期至战国时期。

> 图4-84　□𣪘簋直条纹饰

斜条纹

"∧"形弦纹即斜条纹，主要饰于分裆鼎及鬲的下腹部，早见于商代中期，至西周仍有少量使用。如出土于洛阳北窑村庞家沟的䣅鬲（图4-85）。

> 图 4-85　甗鬲斜条纹饰

以菱形为饰，内填以雷纹，作连续排列，出现于战国时期。如今藏于绍兴博物馆的青铜兽首鼎，腹部一周饰以菱形纹（图4-86）。

> 图 4-86　青铜兽首鼎菱形纹饰

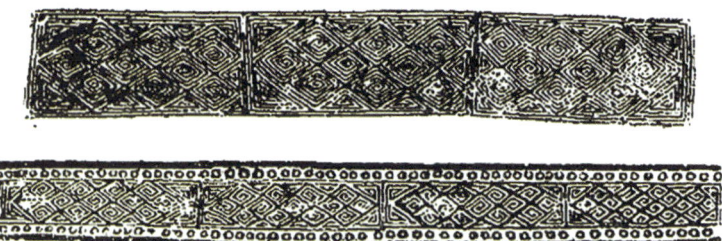

> 图 4-87　青铜器菱形纹饰

在一些小型青铜器，如觚或簋的腹部常饰以三角纹，内填雷纹（图 4-88），有的还配饰以蝉纹（如上文图 4-53）。这类三角形纹饰的一角向上或向下，连成横列，形成大的锯齿带状。盛行于商末周初。

> 图 4-88　青铜器三角纹饰

这种纹饰又被称作四瓣花纹、四瓣目纹、四叶纹、四瓣纹等，形体一般是中间为一个兽目形，有的学者则称其为"日"字形。四角附以四个弧角，就像盛开的花瓣。盛行于商代晚期，常见于尊、觯等器腹部的醒目处，并以形体较大的主纹出现，有时还配以圆涡纹，涡纹与四角花纹交替排列成纹带，环绕在器腹上。如图 4-89。

> 图 4-89　青铜器四角花纹饰

曲波纹

　　因其形体像曲折的波浪而名，又称为波曲纹或环带纹，表现为宽阔且上下大幅弯曲的带状。盛行于西周中晚期至春秋早期的青铜食器和酒水器上（图4-90）。典型器如西周宣王时期的四十二年逨鼎（图4-91）。

> 图4-90　青铜器曲波纹饰

> 图 4-91　四十二年逨鼎曲波纹饰

"U"形鳞纹

其外形呈正置"U"形,像鱼、龙一类动物身上的鳞片,盛行于西周中晚期至春秋时期,多见饰于鼎、匜、壶的腹部(如图4-92)如上村岭虢国墓地出土的虢季鼎的鼎腹鳞纹饰(图4-93)。

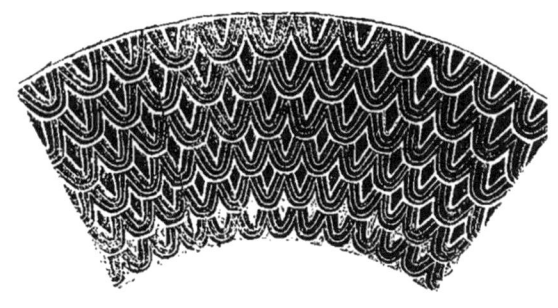

> 图4-92 青铜器"U"形鳞纹饰

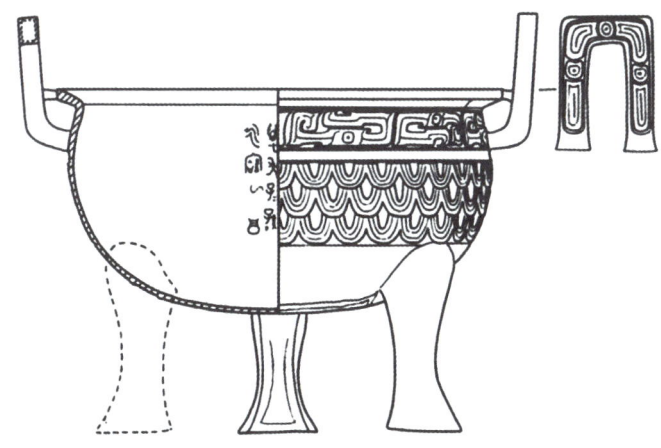

> 图 4-93　上村岭虢季鼎 "U" 形鳞纹饰

偶有呈倒"U"形。如图 4-94。

> 图 4-94　青铜器倒"U"形鳞纹饰

还有一部分作横置之状，有封口呈"⊐"或"⊐"形，有时不封口，有的学者称其为重环纹。盛行于西周中晚期，常见于器腹上部或鼎耳处（虢季鼎耳饰），如图 4-95。

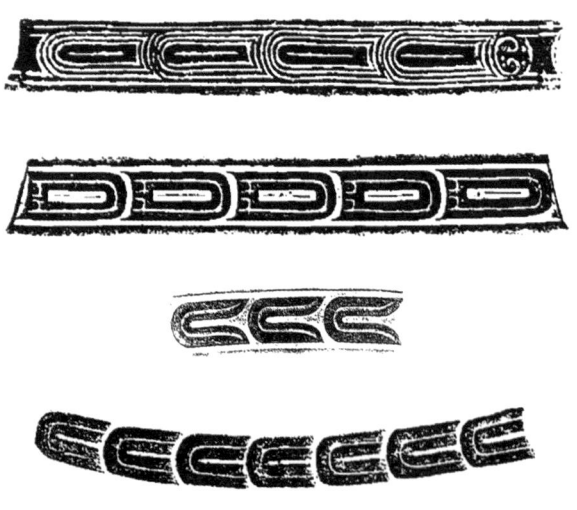

> 图 4-95　青铜器横"U"形鳞纹饰

第五编

结语

青铜器是早期中国的文明记忆

"青铜时代"是人类文明史上的重要阶段，从公元前4500年起，主要青铜文明都相继在亚非欧大陆各地发展。我国的青铜文明经历的时期大致是从公元前1600年至前500年，历时1000余年。我国的青铜铸造技术很大程度上有别于西方，块范铸造技术、器物形制、纹饰、礼器功用等方面均不同于别的青铜文明，这一富有特色、富于创造、宏伟辉煌的青铜文明既是华夏文明的重要组成部分，也是世界文明的杰出代表。英国著名科技史专家李约瑟曾高度评价中国科技史，他认为，中国在15世纪之前一直领先于欧洲。青铜时代的中国同样居于世界领先水平，繁荣千年的中华青铜文明体现在以下三个方面。

▶ 青铜铸造技术代表了 当时国家最先进的生产力水平

　　不可否认，生产工具和技术的革新是推动社会发展的强大动力。比如农业技术的改进，粮食产量的增加必将推动社会生产进步，并引起人口急剧增长，从而突破区域领土限制向外扩张。马的驯化让草原上的民族迅速蔓延，并可以把先进的技术带到世界各地。比如，考古学家切尔内赫发现在公元前第四千纪中期至晚期巴尔干北部和喀尔巴阡山区有一个冶金业非常发达的地区，冶金技术曾向东北部发展，跨越亚欧大草原，至少远达伏尔加河下游。那时的印欧民族曾在欧洲大平原上纵横驰骋，甚至穿越东欧，直达西伯利亚大草原。马车的发明又进一步推动了这一变化。同样地，青铜铸造技术的发明，使世界各地在公元前 4000 年至公元前 1000 年都相继进入"青铜时代"。正如前文所说，中国在前 16 世纪的夏代晚期已掌握这一铸造技术，并逐步进入青铜时代。其冶炼技术极有可能源自东西方文化的交流，但商代晚期的块范铸造技术则应该是黄河中游一带的先民自己创造的结果。前文介绍了青铜器琳琅满目的器形、丰富多彩的铭文、美轮美奂的纹饰，无一例外，这些成就的取得，都需要高超的技艺。而且，毫不夸张地说，商周时期的青铜铸造技术代表了当时国家最尖端的核心技术。

首先，青铜铸造需要大批技术力量的协作。比如，铜的开采和运输就需要运用多种技术手段。据卢本珊的研究，商代探矿采用了重砂法和工程法；地下开拓采用竖井、斜井、平巷等多种井巷联合作业；采掘工具已使用铜质专门器，采用多种型、式不同的"预制"木构件，用于各地矿山井下，形成了规范的井巷支护技术；矿山提升采用滑车等简单机械；矿井采用自然通风；井下有排水槽、水仓等排水设施；井下采用火把式照明。经过多年考古发掘，发现商代最有代表性的铜矿遗址有江西瑞昌铜岭、湖北大冶铜绿山、安徽铜陵木鱼山。

> 图 5-1　古代立体采矿示意图

　　根据这些遗址反映的情况来看，卢本珊的研究是相当有说服力的。铜矿开采出来，运输、冶炼，再到加工、铸造，又会涉及诸多技术环节。从殷墟考古发掘来看，各种手工业场地分布在王都周边，有玉石加工、骨器制作、青铜铸造、陶器生产等分工细密的手工业生产。而青铜器不仅仅作为生活用器，它的主要职能在于作为礼器用于祭祀，使用者都是王公贵族，因此形制宏伟庄重，纹饰气质非凡，到商代晚期铸造技术达到顶峰。周人克商以后，周初继续沿用这一风格，显然周人直接接管了这批手巧心灵的高科技人才，并把他们安置到了周都丰镐一带。商代晚期和西周早期青铜器的风格几无二致。如 1976 年在陕西扶风庄白村发现了一处窖藏，出土青铜器103件。其中一件名为商卣的西周早期酒器（图5-2），器身有扉棱，器腹饰饕餮纹，颈部和圈足均饰夔纹，提梁两端为长颈鹿角兽首。1980年，在宝鸡竹园沟墓地也出土了一件西周早期青铜卣（图5-3），有扉棱，器腹饰饕餮纹。与商卣略有不同的是，饕餮的角和提梁两端兽首均饰弯曲的羊角。这两件西周早期卣的形制和风格与商代晚期的鸢卣（图5-4）几乎完全一致，扉棱、饕餮纹、夔纹、兽首提梁是显著特征。

其次，青铜铸造技术相当复杂。关于技术问题，中国历

>图5-2　商卣

>图5-3　伯各卣

> 图 5-4 鸢卣

代金石学者向来是不大关注的，那都是工匠们的事情。金石学者们更多关注于铜器铭文，其次是形制与纹饰。因此，中国传统"小学"很是发达，但对科学和技术的研究与记录则差强人意。中国青铜器在 20 世纪初传入西方以后，西方学者对铭文就不如对形制、纹饰、铸造技术方面的研究感兴趣了。据贝格立的研究，最早研究中国青铜铸造技术的是卡尔贝克在 1935 年发表的《安阳模具》，刊于《斯德哥尔摩远东古物博物馆馆刊》1935 年第 7 期。卡尔贝克率先提出了中国青铜器是用范铸法而非近东习见的失蜡法，但他的观点到 20 世纪60 年代才得到最终的认可。从后来殷墟和侯马墓地出土的陶范可知，卡尔贝克的看法是正确无误的，而且现在也已成了基本常识。贝格立有篇文章《商时期青铜铸造业的起源和发展》由奚国胜先生译成中文，发表于《南方文物》2009 年第 1 期。文中的主要观点如下：

（1）中国金属制品起源于公元前 2000 年初期的齐家文化时期，从现有出土实物来看，已受金属锻制器具的影响。齐家文化的金属加工业与同时期或稍晚一些时候的中国北方地区的文化发展有着密切联系，在河南淅川下王冈遗址中，在二里头类型遗存之下就发现有与齐家盉同类的器物。在二里头较晚的三个文化层中常出土一些器形面貌兼具齐家和下王冈盉特征的陶盉。这些盉有扁平带状鋬，鋬上有仿制的铆钉，似乎是置于小圆孔中以铆接把手。但到二里头文化第三期时，金属锻制技术已被遗弃了，取而代之的是铸造工艺。到二里头文化末期，商时期金属铸造业的两大主要特征已经形成，即容器系铸造而成；作坊技术手段是合范铸造。

（2）用石范或陶范即合范的早期铸造技术，近东地区早在公元前 4000 年就已开始运用。早期美索不达米亚王朝的合范铸造方法，不仅用于青铜器，还应用于仿生动物的金银雕塑器。为了铸成更复杂的器形，近东地区在公元前 4000 年末之前就发明了失蜡法制模技术。

（3）中国古代二里头时期分模铸造技术的流程体现了青铜装饰工艺的艺术创意与精雕细琢的严谨性。同时，进一步阐明古代中国与近东地区在金属制作上存在的差异，重要因素就是金属资源问题，正是这一因素，使得中国采用了铸造工艺来制造器皿。在中国的商代，手工艺人是不可能独立完成金属铸件制作的；而在西方世界，则只需要一至两名技工就能独立完成。现存最大最重的"鼎"级青铜重器司母戊大方鼎，其铸造技术上的成就让世人刮目相看。同时也表明，中国商代的铸造作坊，其组织之周密，规模之庞大，为古代世界的其他地区所不及。

贝格立的研究具有很重要的启发性。中国学者从 20 世纪 80 年代以来，也在不断探索古代青铜铸造技术。北京科技大学、东华大学等高校都在这一领域开展积极研究。高守雷、范金辉先生发表了《试论中国商周时期青铜器的铸造技术》一文，文章根据历史文献和考古资料，评述了商周时期铸造业的特点。从熔铜器具、合金配制、陶范制作、铸造方法等方面，探讨了中国商周时期青铜器的铸造技术。指出商周时期青铜铸造业规模庞大、分工细致、技术精湛，能够根据青铜器的尺寸来选择不同大小的熔铜器具，摸清了青铜器合金配比与力学性能和铸造工艺性的关系，较好地掌握了范土配方和陶范制作工艺。浑铸法、复合陶范法、铸接法等青铜铸造技术被熟练应用于生产实践中。

上述探索和研究，无疑给我们展现了商周时期高超的青铜铸造技术。这一技术应用于制作国之重器——祭祀礼器，或者彰显荣耀，传遗子孙。显然，青铜铸造技术反映了当时国家尖端的核心技术，代表了商周时期最先进的生产力水平。

▶ 青铜器形制和花纹
代表了当时国家最高的艺术品位

从艺术史角度来看，商周时期流传下来的艺术品最有代表性的是青铜器，其次是陶器。至于甲骨和玉石，那都是小宗。甲骨用于占卜，其表面刻有最早成系统的成熟汉字，是研究商代历史文化和语言文字的重要载体。玉石用于装饰和祭祀，是艺术品也是礼器，但个头小，数量较之金属器还是很少的。陶器产生时代早，使用时间长，但因其易碎的弱点，始终难登大雅之堂。不同的是，青铜器量大厚重，既是实用器，也是祭祀所用礼器，"既能上厅堂，也能下厨房"，属于国之重器，尤其是出现了高度超过一米，重量上百公斤的青铜器。无论从哪个方面来讲，像司母戊鼎这样的器真可谓"前无古人，后无来者"，其 1.33 米、830 余公斤的"身材"代表了中国青铜器史上的最高水平，在世界青铜时代也是屈指可数的珍品。

当然，要从形制和纹饰来说的话，青铜器那也当之无愧代表了商周时期最高的艺术品位。

首先，单就种类来说，就有食器、酒器、水器、兵器、乐器、杂器六大类四十余小类。每种小类如食器中的鼎从时代、地域上反映出来的形制差异就有近百种类型。马承源的《中国青铜器》（修订本）中列有从商至战国晚期的青铜鼎95种，并逐一绘图，读者可参看。琳琅满目、千姿百态的青铜器构成了一幅壮丽图景，反映出商周时期工匠们令人叹为观止的创造力和高超的审美水平。

　　其次，从纹饰来看，可以分成饕餮、动物、人像、几何四大类百余种风格的小类。尤其令人惊叹的是，很难发现两件纹饰完全相同的青铜器，即使同时同地铸造，也基本是一范一器，具有鲜明的个性化特征。这一特色也彰显出商周时期工匠们非凡的艺术创造力和独具匠心的审美情趣。

　　当然，对于器形来说，更主要是在方便实用的基础上再追求艺术的创造。而纹饰则有所不同，一开始就不追求实用。在传达纯艺术美感的同时，更多的是将宗教信仰、政治教化一类带有鲜明主观情感色彩的图案植入器物表面。当然，也有少数学者认为它纯粹只是一种装饰，没有任何意义，主要代表是美国学者罗樾及其学生贝格立。但"装饰学派"的观点并不为大多数学者认可。尽管人们对像饕餮这样的纹饰内涵至今还争论不休，但都相信它们一定渗透了神秘的宗教色彩。而且，青铜器上的纹饰经历了由神秘向现实转换的过程，如商代晚期至西周中期盛行饕餮纹，之后盛行凤鸟纹及别的动物纹，到春秋战国盛行装饰意味浓重的几何纹，再到战国中期以后则出现人物故事纹，如田猎、战争、宴飨等表现现实生活的场景。

一个时代有一个时代的文学，同样地，一个时代有一个时代的艺术。商周时期的青铜器艺术因其特殊载体而流传下来，其雄浑庄重、变化万千的艺术风格代表了现存商周时期最伟大的时代特色。加之青铜器多"生长"于王侯世家，其风格代表庙堂之上的审美情趣，可以毫不夸张地说，青铜器形制和纹饰代表了商周时期最高的艺术品位。

▶ 青铜礼器功用代表了
　当时以祭祖礼为核心的礼乐制度

青铜礼器用于祭祀时盛放祭牲，现在流传下来的有高达一米有余、重达数百公斤的青铜礼器，可以想象祭祀时能装多少祭牲。尤其是甲骨文中记录了关于使用各类祭牲的占卜。据张秉权（1968）统计，卜辞中用牛时有的不计数目或一牛、二牛、三牛、四牛、五牛、六牛、七牛、八牛、九牛、十牛、十五牛、二十牛、三十牛、四十牛、五十牛、百牛、三百牛、千牛。用羊有的不计数目或一羊、二羊、三羊、四羊、五羊、六羊、八羊、十羊、十五羊、廿羊、卅羊、五十羊、百羊。用豕有的不计数目或一豕、二豕、三豕、四豕、五豕、六豕、十豕、十五豕、廿豕、卅豕、五十豕、百豕。用犬有的不计数目或一犬、二犬、三犬、四犬、五犬、六犬、七犬、八犬、九犬、十犬、十五犬、廿犬、卅犬、五十犬、百犬。另有关于牢、窜、人牲等的统计，此不赘引。有的祭祀使用牺牲多达上百，甚至上千，也有同时使用百羊百犬百豚的。大量牺牲似乎主要献给祖先，对天神上帝和自然神所献相对较少，体现出强烈的祖先崇拜心理。当然，数量巨大的祭牲不可能在祭祀时都盛放在青铜礼器之中，但礼器作为盛放祭牲的器皿，其在祭祀时的重要性不仅仅体现在实用性能上，更有特殊的象征意义。特别是大量礼器是作器者蒙受恩宠的见证，这些器物都是献给某位祖妣的特殊礼器，在祭祀那位祖妣时使用该器，其中自然包含了特殊的意义。

西周中期以后，青铜礼器成为作器者夸耀自己祖先丰功伟绩的重要载体，他们常以此为荣，因此，铸器的目的不只是向先祖们表达敬意，祈求佑助子孙福寿绵长，还在于让子孙们永远记住世家功业，故刻下长篇铭文，代代相传。正是基于这样的目的，青铜礼器便具有其他祭器所不具有的独特价值。如 1976 年出土于陕西扶风庄白村一号窖藏的青铜器有 103 件，全部为微氏家族器，时代跨越了西周早中晚三期。从西周中期起，铜器铭文越来越长，其中有件墙盘，也称史墙盘，铭文长达 276 字（又重文 5 字，合文 3 字）。引用并简要解释于下：

曰古文王，初盭和于政，上帝降懿德大屏，抚有上下，会受万邦。讯圉武王，遹征四方，挞殷畯民，永丕恐狄虘髟，伐夷童。宪圣成王，左右绶鬤刚鲧，用肇彻周邦。渊哲康王，匍尹亿强。宏鲁昭王，广笞楚荆，唯贯南行。祗显穆王，型帅宇诲。中宁天子，天子绍缵文武长烈，天子眉无害，襄邢上下，亟狱趣谟，昊照亡斁，上帝后稷允保受天子绾令：厚福丰年，方蛮亡不䎽视。

静幽高祖，在微灵处，雩武王既捷殷，微史烈祖乃来见武王，武王则令周公舍宇于周，俾处甬。覃乙祖，弼匹厥辟，远猷腹心，子（兹）纳觷明。亚祖祖辛，毓毓子孙，繁福多厘，齐禄炽光，宜其禋祀，害遟文考乙公，遟趩得纯，无唐农穑，岁稼唯辟。

孝友史墙，夙夜不惰，其日蔑历，墙弗敢沮，对扬天子丕显休令，用作宝尊彝，烈祖、文考式贮授墙尔麤福，怀福禄，黄耇弥生，堪事厥辟，其万年永宝用。

铭文共分三段，第一段历数文、武、成、康、昭、穆、恭七位周王伟业。第二段历数作器者史墙家族从高祖、烈祖、乙祖、亚祖、文考乙公为国为家所做的巨大贡献。第三段史墙自述继承家业，勤勉操劳，并说明作器用途，表达祈福绵长之意。试想，用这样的器来祭祀先祖，其意义自是非同凡响，一方面表现祭祖礼仪的神圣庄严，另一方面也是教化子孙的绝佳素材，充分体现了当时已有齐家治国平天下的政治理念雏形。

青铜礼器参与繁文缛节是祭祖礼的重要活动。而一代一代反复歌颂祖先的丰功伟绩既是向世人夸耀的资本，也是维系家族长远发展的重要基石。因此，青铜礼器是祭祖礼的核心，是当时礼乐制度的重要组成部分。

华夏文明以晋南平原、陕西关中平原、河南平原为基础，经历夏商周三代，在与周边不断的交流与融合中兼收并蓄，至西周建立起来的政治、文化制度，为后世奠定了整个华夏文明的基础。此后无论朝代如何更替，国家版图如何伸缩，但整个国家的文化、思想、精神都一脉延续。何以如此？其礼乐制度未变。青铜礼器时代所建立的礼乐制度，包括丧葬制度、祭祀制度、宗族制度，其后儒家阐发的忠孝仁义礼智信温良恭俭让等思想，仍是国家意识形态的主流。从这个意义上讲，青铜礼器自然成为国家礼乐制度的代表性符号，而祭祖礼则是这种礼乐制度的核心。

　　本书即将付梓，笔者心中既洋溢着喜悦，又夹杂着一丝忐忑；既满怀感激，也不免有些许遗憾。

　　欣喜之处在于，终得以将数年学习和研究青铜器及其铭文的心得公之于众，与广大读者分享这份学术笔记。然而，忐忑也随之而来，这份工作是否具有意义，能否赢得读者认可，我心中实无把握。学术研究尚可自娱自乐，孤芳自赏，但出书，尤其是面向大众的普及性读物，则需更多考虑读者的接受度，故而内心难免忐忑不安。

　　感激之情，缘于书中涉及的青铜器知识及图片，皆凝聚了学界前辈的心血与智慧。笔者对前贤时彦的贡献满怀敬意，感激之情溢于言表。笔者所作，不过是整理与传递，书中对学界的新知贡献有限。加之本书作为"初识中华文化基因丛书"的一部分，旨在为非学术研究群体介绍青铜器知识，弘扬优秀传统文化，受丛书体例所限，未能逐一注明内容和图片的引用出处，绝非有意掠美，恳请读者和原作者谅解。但无论如何，这都成为我心中的一桩憾事，与我所受的严格学术训练有所背离。

然而，转念一想，虽未对学界贡献新知，但能以通俗易懂的方式将学界知识传递给公众，这与教师授课、博物馆公益讲座等异曲同工，同样具有意义。

　　再说写书的目的，无非在于分享。分享个人的所见所闻、所思所感。研究心得值得分享，因其创造了新知，拓宽了人类的认知边界；读书笔记同样值得分享，它记录了个人的阅读印记，同时也能帮助更多对这些知识感兴趣的人获取信息，拓展认知领域。分享，如同 QQ 空间、微信朋友圈、微博等社交平台，是我们展示自我、表达自我、分享自我、认识自我的重要途径。这，便是我撰写此书的原动力。

　　至于写作本书的直接缘由，则是我们单位的一次"集体劳动"。十年前，我所在单位——西南大学汉语言文献研究所的新任所长张显成先生与我商议，希望我们能共同发起一个单位集体项目，凝聚大家的力量共同完成一件事。鉴于我们单位以出土文献语言文字研究和少数民族语言文字研究为主要方向，我们萌生了推出一套有关出土文献和少数民族文献的普及性读物的想法。这样既能调动单位的力量，又能让我们的研究走出大学的"象牙塔"，让公众也能领略出土文献和少数民族文献的魅力。于是，便有了编写这套丛书的初步方案。2015 年，以我的名义向学校申请了一个团队项目，名为"基于出土文献综合研究的文化推广工程"。顾名思义，该项目旨在推广基于出土文献综合研究的文化，既包括向国内社会大众的推广，也包括通过英语或其他语言的译本向国外读者的推广。项目得到了学校社科处的资助，最初有十位同仁参与，但因个别同志调离或临时工作调整，到 2018 年结项时，最终完成了七本著作，涉及甲骨文、青铜器和金文、简帛文献、石刻和纳西哥巴文等领域。书稿经过多次修订，于 2023 年交付西南大学出版社。出版社的同仁与我们商议为丛书取名，考虑到原有项目名称较长，不适合作为丛书名，我们最终决定采用"初识中华文化基因丛书"这一名称。因为"基因"是生物学术语，决定了生物体的根本性状和特征，而"文化基因"则是借用这一术语，来形容文化中核心和本质的部分，它决定了文化的根本性状。"中华文化基因"便是决定中华文化独特性的根本性状和特征。通过这套丛书，读者可以窥见"中华文化基因"的载体与符号，如甲骨占卜的记录"甲骨文"、国之重器"青铜礼器及其铭文"、笔走龙蛇的千年法帖"石刻书法"等，这些都是中华文化赓续千年的不朽基因。

想到这些，我不禁感到自豪。然而，能完成这项工作，将个人的读书笔记融入学术使命和社会责任感中，让个人的想法变成实实在在的集体成果，其间经历了诸多曲折，更得到了领导和同仁的支持与帮助。

首先，我要感谢张显成先生的策划与鼓励，全所同仁齐心协力申报学校社科处的"创新团队项目"，我们共同撰写申报材料，经历答辩，与其他优秀团队竞争，最终成功获得资助。其次，我要感谢社科处的两期资助，让青年学者们能够"体面"地专心从事自己热爱的科研工作。此外，出版经费一直是作者们的"心头大患"。项目于2018年结项，但直至2023年才交出书稿，迟迟未能出版的主要原因便是经费问题。经我所所长孟蓬生教授与中希文明互鉴中心主任崔延强教授的协商，这套丛书得以纳入"文明互鉴文库"，为崔主任、孟所长，以及文献所和中希文明互鉴中心在弘扬优秀传统文化、推动东西方文明互鉴交流方面所做的工作点赞。最近，我们还收到了一个意外的惊喜——这套丛书也被纳入了重庆市委宣传部的"陆海书系"。作为丛书作者之一及组织者和策划人，我倍感荣幸、满怀感激。丛书的出版也得到了学界同仁的大力支持。2024年7月，在济南举办的"国际书展"上，西南大学出版社为丛书举办了"创作分享会"。我有幸作为作者代表参加了这场分享会。出版社还邀请了国家社科基金重大项目首席专家、首批甲骨文释读优秀成果一等奖获得者、上海市哲学社会科学优秀成果奖获得者、汉字文化传播贡献奖获得者、复旦大学出土文献与古文字研究中心研究员、博士生导师蒋玉斌先生，以及山东大学文学院教授、山东复旦研究院特邀研究员、曲阜师范大学中国南海与周边国家关系研究中心兼职研究员、国家语言文字推广基地（山东大学）专家、博士生导师侯乃峰教授，请他们对这套丛书的意义和影响进行了深入解读。会上，中共重庆市委宣传部副部长马然希先生也给予了高度评价和鼓励。对此，我们深表感激。最后，我要特别感谢西南大学出版社的社长张发钧先生、副社长徐中仁先生、人文社科分社社长张昊越先生等出版社领导和同仁的大力支持。尤其是责任编辑李晓瑞女士，为编校本书付出了大量心血。在书籍即将下厂印刷的关键时刻，她甚至在周末和深夜都在为本书加班加点。书中包含大量图片和造字内容，为编校工作增加了不少难度。我对编辑的辛勤付出深表感谢。

总之，本书乃至整套丛书的撰写与出版过程，既凝聚了作者个人的研精覃思与辛勤努力，也离不开他人、组织、团队的通力合作与支持。另外还需要说明的是研究生黄琬淇协助我核对图片，这个过程颇费心力，笔者极为感谢。在此，我双手合十，感恩所有！

最后，谨以此书献给我的妻子罗芳女士和孩子悦之同学。

李 发

2024 年 10 月 22 日于碚城不舍轩